CHEFS-D'ŒUVRE

DE

L'ART ANTIQUE

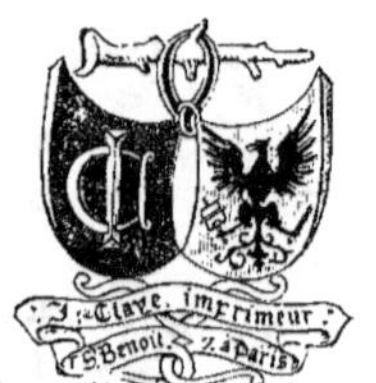

J. Claye, imprimeur
7, S. Benoît, 7, à Paris

CHEFS-D'OEUVRE

DE

L'ART ANTIQUE

ARCHITECTURE — PEINTURE

STATUES — BAS-RELIEFS — BRONZES — MOSAÏQUES — VASES

MÉDAILLES — CAMÉES — BIJOUX — MEUBLES, ETC.

Tirés principalement du Musée royal de Naples

DESSINÉS ET GRAVÉS PAR LES PRINCIPAUX ARTISTES ITALIENS

PREMIÈRE SÉRIE

MONUMENTS DE LA VIE DES ANCIENS

TEXTE PAR M. ROBIOU

Professeur de l'Université

TOME PREMIER

PARIS

A. LÉVY, LIBRAIRE-ÉDITEUR

29, RUE DE SEINE, 29

1867

LIVRE PREMIER.

CULTE ET SACRIFICES CHEZ LES ROMAINS.

CHAPITRE PREMIER.

INTRODUCTION.

DE L'ORIGINE DU CULTE CHEZ LES ROMAINS — COMPARAISON ENTRE
LEUR RELIGION ET CELLE DES GRECS.

Le Latium, contrée de l'Italie ancienne, était borné au N. par
l'Étrurie dont il était séparé par le Tibre; au S. par le Liris dont
l'autre rive appartenait à la Campanie; à l'O. par la mer Tyrrhé-
nienne & à l'E. par les tribus sabines & samnites.

C'est sur les confins du Latium, du côté de l'Étrurie, que
Romulus fonda vers l'an 753 av. J.-C. la ville de Rome.

Bien avant cette époque, les Pélasges, attirés par la beauté de
ce pays fertile entre tous, étaient venus y fonder une colonie, où
leurs victoires successives sur les Sicules, habitants primitifs de la
contrée, leur permirent de s'établir définitivement & former, en
se réunissant aux diverses populations voisines, une confédération
analogue à celle des Étrusques.

Ces différentes origines des peuples qui furent les Latins
(*prisci Latini*), & les relations qu'ils eurent avec les Étrusques &
les Grecs, exercèrent la plus grande influence sur les Romains.

Nous en retrouverons à tout instant les traces dans leurs mœurs, leur culte & leurs arts.

Tandis que les Étrusques présentaient un esprit méditatif, souvent même en proie à la mélancolie, les Latins, livrés entièrement aux travaux de l'agriculture, se distinguaient par un caractère énergique, un grand esprit pratique & surtout un profond attachement à leur patrie.

Aussi, rien de plus différent, dit M. Creuzer, que les antiques traditions italiques, simples & grossières, mais d'un sens profondément expressif, & les histoires divines de l'épopée grecque.

Les divinités [1] indigènes étaient champêtres, & les Latins conservèrent longtemps les habitudes de leur culte aussi simple que leurs mœurs. Si plus tard ils admirent les principales divinités pélasgiques, les rites anciens & les cérémonies que l'Étrurie tenait elle-même de la Grèce primitive, ils les nationalisèrent en changeant leurs noms, en les identifiant avec les divinités qui composaient leur propre mythologie, & ils repoussèrent complétement la mythologie grecque telle, du moins, que l'avaient popularisée les poëtes épiques.

Denys d'Halicarnasse s'attache, dans un passage de ses *Antiquités romaines*, à faire ressortir le contraste des deux religions, après avoir reconnu leurs analogies. Toutes deux, selon lui, avaient en commun les institutions & même les doctrines fondamentales; mais les innombrables mythes reçus chez les Grecs, la religion romaine les dédaignait. Ce fut là, du moins, son caractère primitif & original. Aussi, continue l'historien grec, quand, au lieu de rester fidèles à l'antique foi nationale, les Romains aimèrent mieux courir après les divinités étrangères, & imiter les Grecs, le mépris des mœurs, l'indifférence pour les idées anciennes, prévalurent & devinrent l'une des principales causes de la décadence de la République.

1. *Religion de l'antiquité*, Creuzer, liv. **V**, chap. **v**.

CHAPITRE II.

DES AUTELS.

Les autels, suivant les rites religieux de l'antiquité, étaient destinés à recevoir les offrandes que l'on faisait aux dieux.

D'après Porphyre, les autels consacrés aux dieux supérieurs [1] étaient élevés & se désignaient par le mot *altare,* par opposition à ceux appelés *ara,* qui, dédiés indistinctement aux dieux du ciel ou de la terre, étaient de forme moindre. Sur les premiers on ne brûlait que des encens, tandis que sur les seconds on sacrifiait des victimes. Les libations & les sacrifices aux dieux infernaux se faisaient au-dessus d'une fosse (*scrobs*) creusée en terre & disposée pour laisser couler le sang des victimes.

Les autels (*ara*) étaient de formes très-variées. Ils portaient toujours à leur sommet une cavité pour le feu, & à leur base un orifice par lequel s'écoulaient les liquides; signes caractéristiques

---

1. On désignait ainsi chez les Romains les douze grands dieux (*dii consentes* ou *complices*) : Jupiter, Neptune, Mars, Apollon, Vulcain, Junon, Vesta, Minerve, Cérès, Diane et Vénus. M. Otfried Muller, rectifiant sur ce point l'opinion populaire, pense que dans la théologie étrusco-romaine les dieux supérieurs ou cachés étaient les *Æsar,* dont les noms contenus dans les livres sacerdotaux de l'Étrurie ne sont pas parvenus jusqu'à nous, dieux distincts des *dii consentes* qui étaient d'un ordre inférieur, plus en rapport avec les hommes & dont les noms étaient parfaitement déterminés. C'était parmi ces derniers que se trouvaient les divinités fulgurales : Mars, Saturne, Vulcain, Summanus (*Summus manium,* dieu des mânes, Pluton), Minerve & Junon. Jupiter & Vejovis, sans doute double personnification d'un même dieu suprême, étaient en dehors de la dodécade des *dii consentes* ou *complices.*

qui permettent de distinguer les autels des cippes ou autres monuments de proportion & d'extérieur analogues.

Élevés dans l'origine en gazon, les autels furent par la suite construits en brique ou en pierre, & bientôt après en marbre, en bronze & autres matières précieuses. Quelques-uns étaient faits de cendres, comme l'autel de Jupiter olympien, ou en cornes d'animaux, tel que celui érigé à Délos par Apollon. La plupart de ceux qui nous sont parvenus sont en marbre.

D'après Vitruve, les autels étaient orientés & se plaçaient en avant des temples, quelquefois même sur les degrés du portique d'entrée, comme on le voit à l'un des temples de Pompéi. Dans les bois sacrés, on les élevait au pied des images des divinités. Selon un usage plutôt en pratique chez les Romains que chez les Grecs, on en érigeait aussi sur les endroits frappés de la foudre.

Lorsque, dans les villes, on voulait consacrer un carrefour & le mettre sous la protection des dieux, on y érigeait un autel. Dans les demeures particulières, l'autel où la famille sacrifiait à ses dieux lares était situé près de l'*Impluvium*. Dans les camps, on les dressait en avant de la tente du général, en les orientant comme devant les temples, ou bien en les tournant vers une route ou un fleuve. On délimitait souvent les frontières de deux pays par des autels. Les tombeaux où l'on voit l'inscription *Diis Manibus* ou son abréviation *D. M.* étaient consacrés & pouvaient servir d'autel. Quelquefois enfin ils n'étaient que des monuments offerts à la divinité par la piété de ceux qui les consacraient, pour en obtenir des bienfaits ou bien en souvenir des faveurs reçues.

Les lieux consacrés par les autels étaient inviolables & servaient de refuge; c'était en touchant un autel que les anciens prêtaient serment; d'où sont venues les expressions *aras tangere, flagellare aras,* pour dire qu'on a prêté serment & qu'on s'est parjuré.

Les autels étaient fixes; cependant, ceux appelés *ara turicrema,* où l'on ne brûlait que des encens & des parfums, étaient portatifs, ainsi que ceux nommés *solubiles*, dont les Romains avaient coutume de se faire accompagner dans leurs voyages.

Autel en marbre
de Paros.
[Pl. 1.]

L'autel en marbre de Paros, pl. 1, a été trouvé en 1817 dans le temple de Quirinus, à Pompéi. Ses faces sont décorées d'intéressants bas-reliefs. La nature de ses ornements, ses petites dimensions & le lieu où il a été découvert semblent indiquer un autel votif dédié en remercîment d'une victoire obtenue.

Le principal bas-relief représente un sacrifice, probablement celui qui a précédé la consécration de ce petit monument : sur l'autel placé en avant du temple sont les offrandes; à gauche se tient le prêtre (*aruspice*), vêtu de la tunique courte & de la toge, dont les plis, selon les rites, enveloppent la tête; il présente la patère à manche pour verser le vin sur la tête de la victime. Près de lui est le camille chargé du rouleau de laine dont on ceignait la tête des victimes (*infula*), avec une patère (*patera*) & un vase à vin (*capido*) dans les mains. Du même côté, au second plan, on voit plusieurs personnages parmi lesquels sont un joueur de flûte (*tibicen*) & un *fictor*, artiste dont le métier consistait à faire en cire les simulacres des victimes pour servir d'offrandes aux pauvres; la présence du *fictor* dans cette scène figure le peuple qui vient joindre ses actions de grâce à celles du haut personnage personnifié par le porteur des faisceaux consulaires, placé près de lui. A droite de l'autel se trouve le ministre (*popa*, θύτης), qui conduit la victime en la tenant au moyen de liens (*vittæ*); il est vêtu d'un court vêtement qui lui tombe de la ceinture aux genoux, & il porte le maillet (*malleus*) dont il frappera la victime pour l'abattre, avant que le *cultrarius* placé en arrière ne l'achève avec le couteau sacré (*clunaculum*).

Les principaux acteurs de cette scène ont la tête ceinte de couronnes, ce qui nous confirme dans l'opinion que cet autel a été dédié en souvenir d'un triomphe.

Sur la face de l'autel (3) opposée à celle que nous venons de décrire sont sculptés des lauriers & une couronne de chêne, insignes du courage civique & guerrier.

Sur les faces latérales, décorées dans leur partie supérieure de bucranes & de guirlandes de fruits & de fleurs entrelacés, on voit au côté 4 un bâton court, au bout plusieurs fois recourbé sur lui-même; c'est le *lituus* que portaient les aruspices & les augures. Ces derniers s'en servaient pour partager le ciel en divisions imaginaires & deviner l'avenir. Auprès est une *infula* & une boîte à encens (*acrea*, λιβανωτρίς) pour les sacrifices. Au côté 2 sont sculptés une patère (*patera*, φιάλη), une cruche à vin (*guttus*), une cuiller à puiser (*simpulum*), ustensiles propres aux libations qui accompagnaient ordinairement les sacrifices, principalement dans les fêtes publiques.

Autel de l'espèce *portatoria.* [Pl. 2.]

La figure 1 de la planche 2 représente un autel portatif (*portatorius*), trouvé près des thermes de Pompéi. Il est en bronze, avec incrustation d'ornements en argent. On trouvera dans l'introduction du livre IV la description de cette sorte de travail que les anciens ont employée pour l'ornementation des métaux dès la plus haute antiquité.

Autel rond (*puteal*) en marbre de Paros. [Pl. 3.]

La figure 3 de la planche 3 montre un autel creux, de forme circulaire, en marbre de Paros.

La scène sculptée en bas-relief sur son contour, développée dans la figure 4, représente Jupiter assis au milieu des dieux fulguraux. Apollon, Pallas & Mars sont à droite; Mercure, Hercule & Bacchus sont à gauche. A la droite du maître des dieux est l'aigle qui tient les foudres dans ses serres.

Ce bas-relief indique que cet autel servit de *puteal*.

Il était d'habitude d'ériger cette sorte d'autel sur les endroits où la foudre avait tué un homme, & de circonscrire d'une clôture l'espace qu'on laissait vide & nu autour du *puteal*. On formait ainsi une sorte de temple qu'on appelait *bidental*, parce qu'à sa consécration on sacrifiait une brebis de deux années (*bidens*).

Cet usage se rattache aux croyances que les Romains tenaient des Étrusques sur la nature & l'influence de la foudre & des éclairs. Nous profiterons de l'exemple que nous en donne cet autel pour entrer dans quelques développements sur la théorie des foudres, développements qui nous serviront plus tard à expliquer certains monuments curieux de l'art des anciens.

La méthode fulgurale occupait une place importante parmi les sciences sacerdotales des Étrusques ; &, parmi leurs livres sacrés, ceux qui renfermaient la théorie religieuse des éclairs & de la foudre, étaient des plus considérables.

Pline [1] rapporte, d'après ces livres, que les Étrusques comptaient neuf divinités en possession de lancer la foudre. Pline ni aucun auteur ne donnent leurs noms, & nous en sommes réduits aux conjectures. Dans le bas-relief que nous examinons, les divinités sont au nombre de six, parmi lesquelles cinq sont reconnaissables à leurs attributs; mais pour le sixième, Apollon, il faut admettre qu'il est ici sous les traits de son fils Esculape, ou bien que ce dernier faisait partie des dieux fulguraux, hypothèse qui ne s'accorderait pas avec les textes ni avec les témoignages des autres monuments. Ceux-ci nous offrent, ainsi que le dit Pline, les images de neuf divinités ayant la foudre pour attribut, ce sont : Apollon, Mars, Bacchus, Vulcain, Pan, Hercule, Cybèle, Pallas & l'Amour.

Quant aux foudres, les Étrusques en comptaient onze, dont deux pour Jupiter, qui pouvait ainsi en lancer jusqu'à trois. De ces foudres, les Romains n'en admettaient que deux, attribuant celle du jour à Jupiter, & à Summanus (Pluton) celle de nuit.

Cependant, si, dans leur religion, Jupiter était, comme dans la religion populaire de la Grèce, le maître par excellence de la foudre, ils n'en acceptaient pas moins les présages & les augures que les Étrusques prétendaient savoir tirer des autres foudres, dont leur religion attribuait l'usage à plusieurs de leurs divinités.

Selon la tradition populaire, puisée dans les chants d'Homère, Célus, père de Saturne, par reconnaissance envers Jupiter, qui

---

1. *Histoire naturelle,* liv. II, chap. LII et suiv.

l'avait délivré de la prison où le tenait son fils, lui aurait fait don de la foudre. Chaque foudre forgée par les Cyclopes contenait trois rayons de grêle, trois de pluie, trois de feu, trois de vent. Dans la trempe des foudres étaient mêlés les terribles éclairs, le bruit affreux, les flammes, la colère de Jupiter & la frayeur des mortels.

Sur les monuments, la foudre de Jupiter est figurée de deux manières : l'une est une espèce de tison flamboyant par les deux bouts, qui, en certaines images, ne montre qu'une flamme; l'autre une sorte de lance pointue, armée de deux flèches.

Selon la mythologie étrusque, Jupiter (le Jupiter *fulgur* des inscriptions[1]) portait trois foudres dans sa main droite, chacune dans un sens différent; elles s'appelaient, dans la langue des augures, *manubiæ;* elles étaient rouges & sanglantes; celles des autres dieux noires & blanches. La première foudre lancée par ce dieu, de son propre mouvement, est inoffensive, & n'est qu'un avertissement. La seconde n'est lancée par lui qu'après avoir été délibérée dans le conseil des dieux; elle peut quelquefois produire du bien, mais non sans mélange de mal. La troisième, lancée en vertu d'une délibération des dieux supérieurs, des dieux cachés, détruit & change la situation de l'existence publique comme des existences privées.

Notre bas-relief serait donc la représentation d'un conseil des dieux pour délibérer sur une foudre de second ordre.

En se reportant aux livres sacrés des Étrusques, Pline dit que le présage donné par la foudre passait avant tout autre présage. On distinguait les foudres publiques, qui concernaient l'état tout entier, & les foudres privées, qui n'avaient d'effet que sur la destinée des individus. Les premières n'étendaient pas leur influence au delà de trente ans, excepté si la foudre tombait le jour où une colonie prenait possession d'un territoire; les autres au delà de la

1. *Religions de l'antiquité,* Creuzer, liv. V, chap. IV.

dixième année, à moins qu'elles ne datent du jour de la naissance ou d'un premier mariage.

C'était un heureux présage quand il tonnait à gauche, par la raison que la gauche du monde est l'orient. Voilà pourquoi les divinités de l'Étrurie étaient représentées avec la foudre dans la main gauche. On s'attachait moins à observer la manière dont la foudre tombait que celle dont elle se relevait. On avait égard si le feu était réfléchi du coup, ou s'il ne se relevait qu'une seule vapeur après que le feu eût produit tout son effet & se fût amorti lui-même. Pour cet effet, les Étrusques avaient divisé le ciel en seize parties, d'abord en quatre principales, savoir : 1° depuis le septentrion jusqu'au lever équinoxial; 2° de là jusqu'au midi; 3° de là jusqu'au coucher équinoxial; 4° tout ce qui est compris entre le couchant & le septentrion. Ensuite ils avaient divisé chacune de ces parties en seize autres, dont huit, situées à l'orient, occupaient la gauche du monde, & les huit autres, à l'opposite, occupaient la droite. De ces divisions celles qui indiquaient les plus fâcheux événements étaient celles qui avoisinaient le plus le septentrion du côté du couchant. Le meilleur présage, c'est quand elles venaient & s'en retournaient par l'orient. Les augures qui se prenaient de la foudre dans toutes les autres parties du monde tiraient beaucoup moins à conséquence, tant en bonne qu'en mauvaise part. Mais là ne s'arrêtaient pas les distinctions de détail, elles allaient jusqu'à l'infini, & donnaient lieu à une multitude d'interprétations qui faisaient de la discipline fulgurale une des principales bases de la divination.

Les interprètes de ces foudres & de leurs effets s'appelaient *fulguratores*. Ils s'attribuaient aussi le pouvoir d'attirer & de faire naître la foudre & les éclairs. La tradition populaire veut que Porsenna ait attiré par ses prières la foudre sur un monstre qui ravageait les terres des Volsiniens. Lucius Pison, au premier chapitre de ses *Annales*, raconte qu'avant Porsenna, Numa Pompilius avait plusieurs fois fait descendre le feu du ciel; & que, pour s'être écarté du rit prescrit dans cette pratique mystérieuse, Tullius Hostilius fut lui-même foudroyé, en voulant l'imiter. On sait que Numa a dédié sur le mont Aventin un temple à Jupiter Élicius [1].

Quelques modernes s'appuient de l'autorité de Varron, Ovide, Tite-Live, Pison & Pline, qui ont rapporté ces faits, & veulent que les Étrusques aient inventé le magnétisme terrestre. Il n'est pas douteux que les prêtres étrusques, attentifs aux phénomènes naturels de la foudre, en consignèrent un grand nombre dans leurs livres sacrés; mais qu'ils aient remonté des faits à leur cause, & qu'ils en aient tiré les mêmes conséquences que la science moderne, on ne saurait l'admettre. Pour eux, cet art mystérieux d'attirer la foudre consistait seulement en prières & en cérémonies. Les passages des anciens auteurs où il est parlé de la foudre que Bulenger a eu soin de réunir le prouvent d'ailleurs surabondamment.

Trépieds en bronze.
[Pl. 4.]

Les autels en forme de trépied étaient dans l'origine consacrés à Apollon, en souvenir du trépied sacré sur lequel s'asseyait la Pythie de Delphes pour rendre ses oracles. Plus tard l'habitude vint de les dédier indifféremment à tous les dieux. Chez les Grecs surtout, l'usage d'offrir des trépieds à la divinité fut très-répandu.

Le trépied représenté pl. 4 est en bronze. Il consiste en un plateau de forme ronde, qui recevait le feu dans un renfoncement ménagé à ce dessein; une frise en décore le pourtour extérieur, elle est ornée de têtes de bœufs décharnées (*bucranes*) reliées les unes aux autres par des guirlandes de feuilles de myrte. Trois sphinx de la plus grande beauté soutiennent le plateau par la pointe de leurs ailes élevées, ainsi que par une tige fleuronnée posée sur leurs têtes. Ces sphinx, emblème de l'obscurité des oracles du dieu, sont assis & ont pour supports des pieds-de-biche, disposés

1. Jupiter Élicius, à proprement dire Jupiter susceptible d'attraction; *elicius,* d'*elicere,* attirer, comme l'attestent ces vers d'Ovide :

Eliciunt cœlo te, Jupiter; unde minores
Nunc quoque te celebrant, Eliciumque vocant.

en triangle, sur un plateau échancré dans ses trois principales faces. Ces pieds sont décorés de têtes ailées & de charmants rinceaux. De l'endroit où les pieds se lient avec les sphinx partent d'autres rinceaux dont les branches se joignent au centre du trépied, y portent un cul-de-lampe sur lequel est un petit vase, destiné sans doute à renfermer les parfums.

Le trépied pl. 5, fig. 4, a été trouvé à Pompéi. Il est en bronze. Ses pieds sont mobiles, leur mode d'attache avec le corps du trépied est d'une grande simplicité & peut faciliter son transport. Ce trépied devrait donc être mis dans les *ara solubilis*. Les serpents couronnés de feuillages qui relient les pieds au bassin supérieur semblent indiquer qu'il dut être consacré à Apollon considéré comme dieu-soleil ou peut-être comme dieu de la médecine.

Sur la planche 7 est gravé un brasier en bronze dont la riche ornementation nous le fait classer parmi les petits autels portatifs sur lesquels on brûlait des parfums (*focus turicremus*). Les fig. 3 & 4 de cette planche nous donnent les détails de ses ornements & nous montrent avec quelle finesse les anciens savaient graver les métaux.

Trépied (*solubilis ara*).
[Pl. 5, fig. 4.]

Autel portatif
(*focus turicremus*).
[Pl. 7.]

CHAPITRE III.

USTENSILES DIVERS.

Table (*anclabris*).
[Pl. 6, fig. 1, 9 & 10.]

Lorsque l'on devait examiner les entrailles des victimes pour en tirer les augures, on plaçait ordinairement près de l'autel une table (*anclabris*) sur laquelle on les déposait.

Les fig. 1, 9 & 10, pl. 6, donnent les dessins de deux de ces sortes de tables. Elles sont en bronze; leur dessus en forme concave était parfaitement approprié à leur destination, car il permettait un écoulement prompt & facile des liquides. L'on donnait le même nom à une table dont le dessus était plat & qui servait à porter les vases consacrés.

Trépied (*tripus*).
Chaudron (*olla*).

Couvercle (*cortina*).

Quelquefois on plaçait à côté de ces tables un trépied de métal (*tripus*) sur lequel se posait le chaudron (*olla*) où l'on faisait cuire certaines parties de la victime réservées au prêtre. Le couvercle de l'*olla* s'appelait *cortina*.

Spatules (*ligulæ*).
[Pl. 6, fig. 2 à 15.]

Cette même pl. 6 donne dans les fig. 2, 3, jusqu'à 15, plusieurs spatules (*ligulæ*), pointes & autres instruments en bronze sans dénomination connue qui servaient aux aruspices & aux augures pour fouiller les entrailles des victimes & y découvrir les parties cachées que les rites défendaient de toucher des mains.

Hache à pointe
(*dolabra*).

Couteau (*secespita*).

Pour les grandes victimes, on se servait aussi, en place du maillet, d'une sorte de hache munie de deux pointes inégales en longueur appelée *dolabra*, ou bien encore d'un couteau à lame de fer très-pointue (*secespita*).

Dans le cérémonial des sacrifices, le camille était chargé de porter l'encens & les parfums qu'on avait soin de renfermer dans une cassolette nommée *acerra,* dont on voit un exemple fig. 3, pl. 4. Les fig. 4, 5 de la pl. 8 & celle 1 de la pl. 9 offrent d'autres *acerræ* munies de chaînes. Ces chaînes rendaient ces cassolettes plus faciles à porter, en même temps qu'elles permettaient de s'en servir pendant les sacrifices comme d'encensoirs. Elles portaient alors le nom de *thuribulum.* Les *acerræ* et les *thuribula* se faisaient habituellement en bronze.

L'encens & les parfums qu'on brûlait sur les autels mêmes se faisaient en pastilles que le camille offrait au prêtre sur un plat (*catinum*) dont la forme est indiquée fig. 1, pl. 8.

On se servait encore dans les sacrifices d'autres plats, qui étaient appelés *præfericulum, patella* & *patera.*

Le *præfericulum,* pl. 8, fig. 2, était rond, très-évasé, avec ou sans anse ; il servait à mettre les différents objets du culte que l'on portait en pompe dans les grandes solennités ; ou bien encore à mettre des liquides que l'on y puisait au moyen de cuillers à long manche plat ou recourbé, appelées *simpulum* ou *simpuvium.*

La *patella* était une sorte de plat creux de l'espèce de ceux appelés *patina.* Ce plat servait à mettre les viandes que l'on offrait aux dieux, par opposition à la *patera* qui servait à mettre les liquides. Voyez un exemple de la forme des *patella* pl. 7, fig. 1.

Pour verser le vin sur la tête des victimes ou sur l'autel, on se servait de la patère, sorte de vaisseau de forme circulaire peu profond, assez semblable à nos soucoupes. Les Latins les appelaient *patera,* qu'elles fussent avec ou sans manche ; les Grecs les désignaient dans le premier cas par le mot φιάλη, & dans le second par celui de σκαφίον.

Les patères des pl. 14 & 15 sont en bronze. Le manche cannelé de la première est terminé par une tête de gorgone. La seconde offre sur le fond une saillie où l'on voit sculpté en relief un guerrier.

Boîte à encens (*acerra*).
[Pl. 8, fig. 3.]

Encensoir (*thuribulum*).
[Pl. 8, fig. 4 & 5 ; — pl. 9, fig. 1.]

Plat à encens (*catinum*).
[Pl. 8, fig. 1.]

Plat évasé (*præfericulum*).
[Pl. 8, fig. 2.]

Cuiller (*simpulum*).
[Pl. 8, fig. 8.]

Plat pour les viandes. (*patella*).
[Pl. 7, fig. 1.]

Patère (*patera,* φιάλη, σκαφίον).
[Pl. 14 & 15.]

La patère est l'un des attributs qui servaient aux artistes pour caractériser les divinités & les ministres des autels ; ceux-ci comme une marque de leurs fonctions, & les autres comme une marque du culte qu'on leur rendait. Hygie, fille d'Esculape, a pour attribut une patère où s'abreuve un serpent.

CHAPITRE IV.

VASES CONSACRÉS.

On employait dans les sacrifices & les libations qui les suivaient plusieurs espèces de vases tels que le *guttus,* le *gutturnium,* la *capis,* la *capedo,* le *crater* & l'*aquiminarium.* Ces vases ne différaient, la plupart du temps, que par la nature et le caractère de l'ornementation, de ceux dont les anciens se servaient pour la table ou le service de la maison, & qu'ils désignaient par les mêmes noms; ils avaient soin d'y rappeler par quelque signe symbolique, ou quelque emblème, ou quelque attribut, les divinités auxquelles ils étaient consacrés. Presque tous les vases consacrés pour contenir les liquides offraient une autre particularité, celle de n'avoir qu'une seule anse.

Dans les temps primitifs, les vases consacrés étaient en poterie, & ce ne fut même que longtemps après que le luxe des vases en métal se fut introduit dans les habitudes des Romains, qu'il fut permis de se servir de ceux-ci dans les sacrifices & les libations aux fêtes & solennités religieuses.

Les vases appelés *guttus* servaient à verser le vin dans les patères. Ceux représentés par les fig. 2, pl. 9, fig. 1 & 2, pl. 10, fig. 1, pl. 12, fig. 3, pl. 13, sont en bronze. D'après leur forme sphéroïdale, ces vases sembleraient devoir être classés parmi ceux qui servaient à mesurer les liquides; mais les ornements dont leurs anses sont décorées nous portent à croire qu'ils furent consacrés au culte dionysiaque.

Vase à vin (*guttus*). [Pl. 9, fig. 2; — pl. 10, fig. 1 & 2; — pl. 12, fig. 1; — pl. 13, fig. 3.]

Vase à vin (*gutturnium*).
[Pl. 11, fig. 1, 2, 3;
— Pl. 13, fig. 1 & 2.]

Les *gutturnia* étaient des vases employés, comme le *guttus,* à verser le vin dans les patères. Les Grecs les nommaient *prochoüs* parce que leur forme est celle du *choüs* dont on aurait changé l'embouchure.

Les fig. 1, 2, 3 de la pl. 11, celles 1 & 2 de la pl. 13, représentent des *gutturnia* en bronze. Le *gutturnium* fig. 1, pl. 13, est d'une forme assez singulière, celle d'un brodequin.

Vase à vin (*capis*
ou *capedo*).
[Pl. 5, fig. 1.]

Le vase de la fig. 1, pl. 5, est une sorte de vaisseau pour verser les liquides. Son nom était *capis* ou *capedo,* à cause de la facilité que donnent ses anses pour le prendre & verser le liquide.

Seau à eau (*hydria*
ou *situlus*).
[Pl. 2, fig. 2.]

Pour porter l'eau des libations, on avait des seaux à anses qu'on désignait par l'appellation générique de *situlus* ou *hydria*. La fig. 2, pl. 2, représente un seau de cette espèce en bronze. Il est orné avec la plus grande richesse.

Cratère en marbre.
[Pl. 3, fig. 1, & pl. 17,
fig. 2.]

On se servait, pour mélanger l'eau & le vin dans les libations, comme nous le verrons plus tard dans les repas, de cratères. Les fig. 1, pl. 3, & fig. 2, pl. 17, représentent deux cratères de formes différentes, mais d'égale élégance. Le bas-relief qui orne le contour du cratère pl. 2, et qui est développé fig. 2, nous offre une scène de la mythologie : Bacchus remis par Mercure entre les mains d'Ino, sœur de Sémélé.

Vasque en marbre
(*aquiminarium, amula*).
[Pl. 16.]

Dans les fêtes lustrales, on aspergeait les assistants d'eau consacrée qui était contenue dans des vasques placées à l'entrée des temples, comme le sont les bénitiers dans nos églises. La pl. 16 représente un bel exemple de cette sorte de vase que les Latins appelaient *aquiminarium*.

CHAPITRE V.

DES OFFRANDES ET DES FÊTES RELIGIEUSES.

Presque toutes les pompes dont les Romains entouraient chez eux l'État & la religion leur venaient des Étrusques[1]. Comme chez ces derniers, le cérémonial dont ils accompagnaient les sacrifices différait suivant les circonstances qui en avaient été l'occasion & selon les divinités auxquelles on les offrait.

On sacrifiait aux dieux du ciel & de la terre après le soleil levé; aux dieux mânes & aux dieux infernaux après le soleil couché.

Heures des sacrifices.

Sous les premiers rois, les fleurs & les fruits étaient à peu près les seules offrandes en usage; mais plus tard on y substitua les animaux, & l'histoire rapporte qu'en plusieurs circonstances on fit des sacrifices humains.

Nature des victimes.

D'après les rites[2], on immolait à Jupiter un taureau ou un bélier; à Junon on sacrifiait des génisses, des vaches, des agneaux femelles & des brebis; on offrait à Cybèle une truie pleine & quelquefois un bélier ou un taureau; à Pluton & à Neptune des taureaux noirs; à ce dernier on offrait aussi des chevaux & des agneaux; quant aux autres divinités de la mer, les victimes devaient

---

1. Le nom de *cérémonies* paraîtrait même avoir pris son origine de la ville étrusque *Céré*. *Cære*, d'où *cærimonia* dans les étymologies de G. Vossius; cependant, d'après M. Müller, le vrai nom toscan de cette ville serait *Cisra*.

2. Malliot, *Recherches sur les usages des anciens peuples*, vol. I.

être blanches ; si cependant c'étaient des oiseaux, ils pouvaient être noirs. On immolait à Proserpine une vache noire & un chien à Hécate ; le verrat, le cochon, la truie, la brebis & le bélier à Cérès.

Les taureaux offerts à Apollon avaient les cornes dorées ; on lui présentait aussi des béliers, des boucs, des chèvres, des brebis & des chevreuils ; lorsqu'on le prenait pour le soleil, on lui offrait un cheval.

Les victimes offertes à Mars étaient le verrat, le bélier, le taureau & le cheval.

Minerve, disait-on, avait les chèvres en horreur ; le taureau, l'agneau, le bœuf indompté, étaient pour elle des victimes agréables.

On immolait le bélier & la génisse à Diane.

On ne trouve guère d'animal excepté du nombre des victimes offertes à Vénus, pourvu que ce fussent des mâles : le bouc, le taureau, le cochon, le lièvre, lui étaient le plus agréables ; on lui offrait quelquefois une chèvre blanche.

On immolait un cochon & d'autres fois une génisse ou un cerf à Hercule ; à Mercure des boucs ; à Bacchus des boucs, des brebis & des cochons ; un âne ou un cochon à Priape ; un ours ou un cochon à Sylvain ; une chèvre ou un agneau à Faune ; un coq à Esculape.

Les nymphes se contentaient de miel & de vin.

Les riches sacrifiaient un taureau aux dieux lares ; les pauvres ne leur offraient qu'un agneau femelle, ou un cochon, un coq, un chien ou bien encore une hirondelle.

Quelquefois les Romains offraient ces victimes en grand nombre à la fois : pour les divinités infernales & terrestres, le nombre devait en être pair ; les victimes étaient en nombre impair pour les dieux du ciel & elles devaient toutes être blanches, les mâles pour les dieux, les femelles pour les déesses.

Cependant l'état & les moyens de ceux qui sacrifiaient variaient

la nature des offrandes. Ainsi, les laboureurs offraient un bœuf &
les bergers un agneau ; les pauvres ne présentaient qu'un gâteau,
ou l'image de la victime en cire, ou bien encore un peu d'encens ;
les plus misérables baisaient seulement leurs mains.

Il y avait des animaux consacrés à certaines divinités ; ils leur *Animaux consacrés.*
servaient d'attribut :

> L'aigle indiquait Jupiter ;
> Le paon, Junon ;
> La chouette, le serpent, Minerve ;
> La colombe, le moineau & la tortue, Vénus ;
> Le lion, Vulcain ;
> Le dauphin ou le cheval à queue de dauphin, Neptune ;
> L'alcyon, Thétis ;
> Le phénix, le Soleil ;
> Le loup, la corneille, Apollon ;
> Le loup, le vautour, le pivert, le coq, Mars ;
> Le dragon, l'once & le tigre, Bacchus ;
> Le coq, le bouc, le scorpion, la mouche, Mercure ;
> Le serpent, la chouette, le coq, Esculape.

Les festons & guirlandes qui paraient les autels des dieux, *Plantes consacrées.*
ainsi que les couronnes des prêtres & de ceux qui les servaient à
l'autel, se faisaient dans les temps primitifs avec des verveines ;
plus tard on étendit à un très-grand nombre de plantes cette destination, parmi elles il y en avait spécialement consacrées à certaines divinités ; on en couronnait leurs statues, on en ornait leurs
temples, les autels & les vases qui leur étaient consacrés.

> D'après les rites étaient consacrés :
> Le chêne & le hêtre à Jupiter & à Diane ;
> Le dictame à Diane & à Lucine ;
> Les branches de vigne à Junon ;
> Le figuier à Saturne ;
> Le pin à Cybèle ;
> Les épis & les pavots à Cérès ;

Les pavots à Pluton & Proserpine ;
L'olivier à Minerve & aux Grâces ;
Le frêne à Mars ;
Le myrte & les roses à Vénus ;
Le pourpier à Mercure ;
Le laurier & les roseaux à Apollon ;
Le laurier, le palmier aux Muses ;
Le lierre, le figuier, la vigne à Bacchus ;
Le peuplier à Hercule ;
Le pin, l'hièble & les roseaux à Pan ;
Le cyprès à Sylvain ;
Le gazon mêlé de fleurs champêtres à Palès ;
Les pavots à Morphée ;
L'aune & le cèdre aux Euménides ;
L'ail, le myrte, le romarin aux Pénates ;
Les roseaux à Castor & Pollux.

Offrandes (*ex voto*).

Les Romains, comme la plupart des peuples de l'antiquité, connurent l'usage des offrandes promises par un vœu. Ils ornaient leurs temples de tableaux qu'ils appelaient *tabellæ votivæ*. Ces tableaux représentaient ce qui avait fait l'objet du vœu. Ils étaient aussi nommés *ex voto*, parce que la plupart étaient accompagnés d'une inscription qui finissait par ces mots *ex voto* pour marquer que le donateur s'acquittait de la promesse qu'il avait faite.

Mains votives ou panthées.
[V. I, pl. 17 et 18.]

Plusieurs archéologues rangent parmi les ex-voto les mains votives que d'autres considèrent comme des figures symboliques chargées des attributs les plus significatifs des principales divinités. Il ne nous est parvenu qu'un nombre très-restreint de ces sortes de monuments, dont la main votive représentée sous ses deux faces, pl. 17 & 18, peut donner une idée.

C'est une main droite qui a les trois premiers doigts levés & les deux autres fermés. Sur l'index & le doigt du milieu est un foudre entre les serres d'un aigle dont le corps a été brisé. Entre les deux doigts levés est la statuette d'un vieillard barbu, coiffé du

chapeau phrygien, ayant la tunique à manches courtes, relevée par
une ceinture, & tenant les deux mains élevées avec l'index seul en
l'air & les autres doigts fermés. Sous ses pieds est une tête de
bélier. Plus bas est une petite console surmontée d'un cône. Au-
dessous se trouve une espèce de voûte sous laquelle on voit une
femme couchée, tenant un enfant entre ses bras. A côté est
un vase semblable à une *hydria* couverte d'une pomme de pin.
Ensuite vient un arbre d'espèce inconnue ; puis, grimpant le long
du pouce, une tortue ; enfin sur le pouce même, encore une
pomme de pin. Sur la face externe de la main, on voit une
balance, une fleur, un serpent, un caducée, un lézard, une gre-
nouille, une double flûte, un fouet, des cymbales, un tympanum &
un sistre. Jusqu'à présent on n'a pu déterminer le sens de tous
ces emblèmes, dont la plupart se retrouvent sur les autres mains
votives que l'on possède. Toutes appartiennent à la période de la
décadence de l'art. Peut-être, au lieu d'y voir le symbole d'un dieu
panthée, doit-on supposer qu'elles ne furent pour les initiés de
certains mystères qu'un moyen de se reconnaître entre eux.

Les fêtes qui faisaient partie de la religion des peuples de
l'antiquité étaient très-nombreuses. Chez les Romains, en particu-
lier, chaque jour était, pour ainsi dire, marqué d'une fête en l'honneur de telle ou telle divinité. Les unes appelées *annales* ou *stativæ*
étaient fixes ; les autres appelées *feriæ* étaient mobiles. Les premières revenaient tous les ans ou bien après un certain nombre
d'années révolues, comme les jeux capitolins qui ne se célébraient
que tous les cinq ans. Elles étaient généralement observées. Les
autres étaient plutôt des actes de dévotion auxquels tous les
citoyens n'étaient pas tenus, à moins qu'ils ne fussent ordonnés
par le Sénat et les magistrats, tels que les prières publiques &
solennelles dans certaines occasions importantes ou dans les temps
de calamité. L'empereur Antonin réduisit, paraît-il, à trente-cinq
par année le nombre des fêtes auxquelles tous les citoyens étaient
tenus d'assister. Pendant ces jours de fête, les tribunaux étaient

fermés, le commerce & les travaux manuels étaient suspendus, & le peuple les passait en réjouissances. On faisait des festins, on offrait des sacrifices & l'on célébrait des jeux.

Nous trouverons dans le cours de l'ouvrage plusieurs fois l'occasion d'entrer sur le détail des cérémonies propres à chacune de ces fêtes; nous ne donnerons ici que la nomenclature des principales :

Les *Palilies* se célébraient le 21 avril, en l'honneur de la déesse Palès;

Les *Caprotines*, le 9 juillet, en l'honneur de Junon;

Les *Vestalies*, pendant lesquelles les vestales sacrifiaient dans l'intérieur du temple;

Les *Consuales*, fêtes de Neptune pendant lesquelles on célébrait les jeux cicenses;

Les *Céréales*, le 14 avril, en l'honneur de Cérès;

Les *Ramales*, fêtes champêtres de Bacchus;

Les *Bacchanales*, qui se célébraient aux changements de saison;

Les *Lupercales*, en l'honneur de Pan;

Les *Vinales*, à l'époque du vin nouveau;

Les *Saturnales*, instituées par Janus en l'honneur de Saturne;

Les *Compitales*, fêtes en l'honneur des dieux mânes.

LIVRE DEUXIÈME.

MOBILIER ET USTENSILES DE MAISON.

CHAPITRE PREMIER.

INTRODUCTION.

Chez les Romains, la vie civile était si intimement liée à la vie religieuse, qu'avant d'entrer dans leurs demeures nous parlerons de leurs dieux lares & de leurs pénates, démons ou génies protecteurs de la maison & de la patrie.

La croyance aux démons ou génies bienfaisants qui veillent avec une constante sollicitude sur chaque individu vivant & le défendent contre les génies ennemis se rencontre dans toutes les religions de l'antiquité. Cette notion [1], qui paraît tenir en principe aux idées religieuses de la Perse & de l'Inde, fut transportée par les Pélasges en Étrurie. Elle se développa merveilleusement dans cette contrée dont les habitants sont naturellement doués d'un caractère grave, d'un esprit méditatif, enclin à la mélancolie & à l'exaltation du sentiment religieux.

Pour les Étrusques, les démons ou génies formaient une

---

1. Creuzer, ouvrage déjà cité. Vol. II, liv. V, chap. 11 et suiv.

hiérarchie divine, unissant les dieux supérieurs, les dieux cachés
aux autres dieux & ceux-ci avec l'homme. Pour eux, chaque dieu,
chaque homme, chaque ville, chaque maison avait son démon, son
génie. Chaque action dans la vie était placée sous la protection
d'une divinité particulière. Un homme va-t-il à la guerre, ou se
confie-t-il à la mer, traverse-t-il un champ ou une forêt, suit-il
une route, ou reste-t-il dans sa demeure, un génie l'accompagne,
plane sur ses pensées & les domine en même temps qu'il protége
son être contre les esprits malfaisants.

De l'Étrurie la croyance aux démons passa et s'introduisit dans
les idées religieuses des Romains; mais les génies dont la notion
pénétra le plus avant dans leur culte, parce qu'ils correspondaient
le mieux à ce sentiment si profond chez eux de la famille & de la
patrie, furent les pénates & dieux lares.

D'après la doctrine des Étrusques adoptée par les Romains,
les pénates sont les génies des dieux. Ils étaient divisés en quatre
classes distinctes : les génies de Jupiter, ceux de Neptune, ceux
des divinités souterraines & ceux des hommes. Puissances cachées
d'où découlaient tout bien & toute prospérité, les pénates se divi-
saient en pénates publics & en pénates privés. Les premiers étaient
ceux qui veillaient au bien-être, à l'accroissement, au bonheur des
villes, des nations; souvent ils se confondaient avec les dieux
tutélaires de la patrie, on les appelait alors pénates de la patrie.
Vesta fut le premier pénate de Rome. Plus tard Pallas lui fut
associée, & dans la suite la religion romaine en admit plusieurs
autres : Jupiter, Janus, Mars, Romulus & peut-être Mercure. Les
pénates privés résidaient dans la maison; voilés à tous les regards,
ils répandaient sur elle toutes les bénédictions imaginables; aussi
les honorait-on dans l'intérieur de la demeure sur le foyer où
l'encens brûlait pour eux. Malheureusement nous n'avons aucune
donnée précise sur le nombre des pénates ni sur leur représentation
figurée.

Chez les Romains, comme chez les Étrusques, les dieux lares

étaient de purs esprits qui revenaient sur terre après avoir été séparés par la mort du corps où ils étaient lors de leur séjour parmi les hommes. Plus rapprochés d'eux que les pénates, puisqu'ils avaient été leurs semblables, ces esprits revenaient habiter la même ville, la même demeure qu'ils habitaient autrefois; & cela, pour veiller, en écarter tout péril, & répandre tous les bienfaits sur leurs habitants.

Cependant l'idée que représentaient les lares se généralisa de plus en plus. Les lares sortirent de la maison & devinrent les protecteurs des races, des nations entières. Esprit tutélaire à l'origine, le lare se confondit souvent avec le héros. Enfin ils veillèrent à la sûreté du chemin, de la route et à celle du carrefour.

Quant aux représentations figurées des dieux lares, il ne nous reste guère plus de renseignements précis sur elles que sur celles des pénates. Cependant on sait que leurs statues consistaient en de petites figurines de matière grossière la plupart du temps, et qu'elles avaient un chien à leurs pieds; on en trouvera plusieurs exemples dans le cours de cet ouvrage qui suffiront pour en donner une idée assez exacte.

Tout ce que renfermait la maison était confié à la surveillance de ces vigilants gardiens. Leur attribut naturel fut le chien. L'autel où l'on sacrifiait aux lares était le foyer. Le lieu où les images des ancêtres étaient placées se nommait lararium.

D'après Apulée, l'esprit séparé du corps s'appelait *lemur* après la mort; le lemur se dégageait & devenait lar ou larve, suivant qu'il avait mérité de pouvoir exercer une action favorable sur les siens & sa maison, ou que par ses fautes, il ne pouvait trouver dans la mort aucun repos, & alors il apparaissait parmi les vivants comme un fantôme sans action sur les bons, redoutable seulement aux méchants. Aussi les Romains, par égard pour le défunt, ne sachant quel sort serait en partage à son âme, s'il deviendrait lar ou larve, lui donnaient le nom indéterminé de dieu mane.

CHAPITRE II.

MOBILIER DES DEMEURES ROMAINES.

Table (*mensa*, τράπεζα).

Les usages auxquels servaient les tables étaient très-variés & faisaient de ces meubles l'un des principaux ornements des habitations romaines.

Pour leur repas, les Romains avaient coutume de poser les mets sur une table, & les verres ou vases à liquides sur une autre table.

La première était la table proprement dite, celle appelée *mensa* (τράπεζα), ou *mensa escaria;* bien que ces noms indiquent qu'elle devait être carrée, comme elle le fut dans le premier temps, la table à manger était tantôt carrée, ronde ou ovale, ou bien encore en fer à cheval. Quand elle n'avait qu'un pied on l'appelait *monopus, bipes* quand elle en avait deux, & les *mensæ tripedes* étaient celles qui avaient trois pieds. Cette dernière forme passe pour avoir été la plus commune & la moins estimée.

Mensa monopus.
— *bipes.*
— *tripes.*

Table à boire (*mensa vinaria*).
[Pl. 20 & 21.]

La table qui servait à mettre les verres, le vin & les autres boissons s'appelait *mensa vinaria*. Les pl. 20 & 21 donnent des exemples remarquables de ces sortes de tables. Les supports de l'une & de l'autre sont formés de pieds de lion surmontés de têtes de lions. La table en mosaïque de celle pl. 21 a été rapportée.

Table (*mensa vasaria*).
[Pl. 23, 24, 25.]

La table appelée *mensa vasaria* servait dans l'atrium pour y placer les vases de luxe & ceux à l'usage de la maison. Cette table, ordinairement en marbre, était de forme rectangulaire ; elle était soutenue à ses deux extrémités par des consoles à double face, presque toujours ornées de pieds à têtes d'animaux. Les pl. 23, 24, 25 donnent plusieurs exemples de ces supports. Les pieds & le sphinx, pl. 25, appartiennent à une même table, qui devait être de grandes dimensions; car, outre les pieds (*fig.* 3) placés aux quatre angles, on avait pensé en soutenir le milieu par un cinquième support. Ces divers pieds sont d'un travail grec très-fin & le sphinx est de la plus grande beauté.

On trouvait dans les cuisines une table de même forme, percée de trous pour l'écoulement des liquides qui servaient au lavage des ustensiles : cette table se nommait *urnarium*.

Table (*urnarium*).

On voyait aussi dans l'atrium des *abacus,* sorte de table-buffet dont l'usage ressemblait assez à celui que nous faisons des étagères.

Table (*abacus*).

La pl. 22 représente un pied de ces espèces de tables que les anciens appelaient *trapezophorum* (τραπεζοφόρον) & qu'ils plaçaient dans leurs chambres. Notre exemple est d'un beau marbre, & nous montre jusqu'à quel point les anciens poussaient le luxe dans leur ameublement. La scène que ces sculptures en haut relief représentent symboliquement est assez difficile à expliquer : d'un côté est un centaure, de l'autre un monstre dont les attributs rappellent Scylla, au rapport d'Ovide. Cette scène rappelle sans doute quelque naufrage.

Console (*trapezophorum,* τραπεζοφόρον).
[Pl. 22.)

Les siéges dont les anciens se servaient étaient de formes très-diverses. Cependant, en comparant leurs formes à celles des siéges modernes, on pourrait les ranger en quatre classes principales : les fauteuils, les chaises, les bancs, les escabeaux.

Fauteuils, chaises, bancs & escabeaux.

Dans la première classe nous comprendrons les siéges à bras, tels que les trônes (*thronus*), siéges les plus magnifiques pour asseoir les images des dieux; les siéges des rois (*solium*); les siéges *cathedra,* ornés de coussins & d'étoffes brodées à l'usage des dames romaines; les lits de repos (*scimpodium*) pour une seule personne; les siéges d'honneur (*bisellium*) : ces derniers pouvaient être occupés

Trône (*thronus*).
Siége pour les rois (*solium*).
Siége pour les dames (*cathedra*).
Lit de repos (*scimpodium*).
Siége d'honneur (*bisellium*).
[Pl. 26.]

par deux personnes, mais en général ils ne servaient qu'à une seule, la personne que l'on voulait honorer. Ces sortes de siéges étaient quelquefois en bronze, ainsi qu'on le voit dans la pl. 26.

La seconde classe comprendrait les chaises ordinaires (*sella*) sans dossiers; les chaises curules (*curulis*); les chaises d'augure (*sella solida*), faites d'un seul morceau de bois, où s'asseyaient les augures; enfin les siéges *familiaria,* espèce de garde-robes.

Dans la troisième seraient les escabeaux (*scabellum, scamnum, suppedaneum*), sorte de siéges semblables de forme aux *sella,* mais de moindre valeur.

La quatrième enfin serait pour les bancs mobiles (*subsellium*), dont on se servait pour les bains, les jardins; ces bancs en bois, sans dossier, étaient portés par des pieds en bronze, souvent très-ornés.

Les lits pour dormir (*lectus,* λέκτρον) placés dans les chambres à coucher furent pendant longtemps les seuls qu'on vit dans les habitations romaines. Ce ne fut qu'après la seconde guerre punique que l'usage des lits de table (*lectus tricliniaris*) s'introduisit dans les habitudes romaines. Avant, les Romains s'asseyaient sur de simples bancs de bois; mais Scipion l'Africain ayant rapporté un de ces petits lits bas, de bois commun recouvert seulement d'une peau de bête, dont les Carthaginois se servaient; un artiste de Rome les imita, & dès ce moment leur emploi fit exclure tout autre mode de s'asseoir pour prendre ses repas. Les anciens ornaient aussi de lits de repos (*lectulus*) leurs bibliothèques & leurs salles de réception.

Rien n'égalait la somptuosité que les Romains mirent dans leurs lits, surtout dans ceux de table; les écrivains latins s'élèvent à chaque instant contre ce luxe extraordinaire. Les lits se faisaient d'ébène, de cèdre, avec incrustation d'ivoire, d'or & d'argent. Aulu-Gelle, se plaignant du luxe des Romains, dit qu'ils donnaient aux hommes dans leurs festins des lits plus magnifiques qu'aux dieux mêmes. Cependant, dans la fête des banquets des dieux (*lec-*

tisternium), on plaçait souvent les images des dieux sur des lits en or massif. Que devaient être les lits des hommes, s'ils les surpassaient encore!

Les lits pour le sommeil étaient faits à peu près comme les nôtres. Des sangles ou cordons (*fasciæ, restes, institæ*), passées dans le cadre de la couchette, supportaient un sommier ou matelas épais (*torus, culcita*) sur lequel étaient placés le traversin & l'oreiller (*cubital, cervical*). Les montants de pied & de tête (*anaclinterium*) étaient joints par un troisième côté élevé (*pluteus*), de telle sorte que les lits n'étaient ouverts que par un côté. Et comme les lits étaient fort élevés, pour y avoir accès on montait au moyen d'un escabeau (*scamnum*) ou un petit escalier (*gradus*) placé au bas du côté ouvert (*sponda*).

En arrière du lit, pour l'isoler des murs on tendait des tentures (*aulæa*), & pour l'abriter des moustiques on plaçait en avant le moustiquaire (*conopæum*).

Sur le sommier était posée une sorte de housse qui tombait jusqu'à terre (*toral*), & des *lodices, stragula*, espèce de courtes-pointes, en complétaient la draperie.

Il était d'usage de dresser le lit de noce dans l'atrium, près de la salle des ancêtres; il servait ensuite à la maîtresse de la maison de siége pour présider aux travaux des servantes & des esclaves & les surveiller. Les Romains entouraient de grands respects ce lit, que Properce appelle *adversus lectus,* parce qu'on le mettait vis-à-vis l'entrée, & *genialis* parce qu'on le consacrait au génie, ou dieu de la nature, celui-là même qui présidait à la naissance des hommes.

En se servant de lits pour prendre leur repas, les Romains avaient pris l'usage d'étendre sur le lit leurs jambes & la partie inférieure du corps, pendant que sa partie supérieure était supportée sur le coude gauche, qui reposait sur un oreiller. Cette posture qui tenait le milieu entre être couché tout à fait & assis, laissait libres le bras droit & la main gauche.

Les lits de table étaient disposés pour faciliter cette posture.

La couche était ordinairement pour trois personnes; elle était entourée d'une balustrade basse qui se relevait à l'une des extrémités pour supporter en cet endroit le coussin sur lequel s'appuyait l'une d'elles; les deux autres avaient les coudes sur des coussins posés sur le lit. Rarement ces lits étaient plus grands. S'il fallait admettre plus de trois personnes à table, on disposait autour de la table plusieurs lits, en nombre impair autant que possible, & toujours de manière à n'occuper que trois côtés de la table, le quatrième devant rester libre pour le service. Le lit d'honneur, le lit consulaire, occupaient le centre, & la place d'honneur, la partie de ce lit opposée à la balustrade, tandis que sur les lits latéraux la place préférée était celle près la balustrade. Quant au maître de la maison, il occupait la place la plus élevée de la couche la plus basse (*imus*), afin de servir plus facilement son hôte principal.

Armoire (*armaria*).

Les armoires faisaient aussi partie des meubles les plus importants de l'habitation; elles formaient des placards fixés aux murs ou des buffets avec pieds, portes ouvrantes & tablettes intérieures.

Bibliothèque (*loculamentum*). Armoire mobile (*forulus*).

Celles qui formaient bibliothèque fixe s'appelaient *loculamentum*. L'on donnait le nom de *forulus* à des petits meubles où l'on mettait des livres & autres objets que l'on voulait transporter d'une chambre à l'autre.

Armoire de cuisine (*muscarium*).

L'armoire aux objets de ménage, tels que papier, ballets, chasse-mouches, &c., s'appelait *muscarium* & était placée dans la cuisine.

Armoire du lararium.

L'armoire ou petit tabernacle qui servait à enfermer les images des ancêtres (*imagines majorum*), celles des dieux lares, s'appelait *ædicula* & se plaçait dans le *lararium*.

Lampes.

Les lampes dont se servaient les Romains étaient de formes très-variées & faites des matières les plus diverses.

Lampe à une mèche (*lucerna*, λύχνος). [Pl. 27, 28, 31, fig. 3 & pl. 33.]

Par rapport à la quantité de lumières qu'elles fournissaient, on peut les ranger dans quatre classes distinctes :

1° Les lampes (*lucerna*, λύχνος), sorte de vaisseau, le plus ordi-

nairement en terre cuite ou en bronze, avec poignée d'un côté &
bec (*myxa*) de l'autre, par où sortait la mèche (*ellychnium*); dans la
paroi qui fermait la partie supérieure était disposé un trou pour
verser l'huile dans la lampe. Les pl. 27, 28, 33, & la fig. 3, pl. 31,
donnent plusieurs exemples de ces espèces de lampe.

2° Les lampes à deux mèches (*lucerna bilychnis*, δίμυξος), telles
que celle représentée pl. 29, & fig. 1, pl. 32.

3° Les lampes à plus d'une mèche que l'on appelait *lucerna
polymyxos*; la pl. 30 donne le dessin d'une lampe à trois mèches.

4° Les lampes disposées pour être suspendues par des chaînes
au plafond des appartements ou bien à des candélabres. L'une de
ces lampes appelées *lucerna pensilis* se trouve à la fig. 1, pl. 31.

Les lampes des anciens nous fournissent un des exemples les
plus frappants de l'habileté avec laquelle ils savaient orner les
plus simples produits de leur industrie sans jamais leur ôter rien
de l'essentiel pour l'objet auquel ils étaient destinés.

Ainsi la pl. 27 représente des lampes du travail le plus gros-
sier. Ce devait donc être des lampes pour les plus pauvres
demeures. L'artiste n'en a pas moins profité du champ qu'offrait
la partie supérieure de chacune d'elles, pour y figurer par le mou-
lage quelque dessin : un quadrige rustique sur la première & sur
la seconde un char de course.

Les lampes de la pl. 28 sont d'une grande élégance, & celle
dont le champ est rempli d'une figure de gorgone est d'un fort
beau travail.

La lampe à deux mèches, pl. 29, est en bronze de la plus
charmante composition. La statue de Silène, à laquelle elle sert en
quelque sorte de base, donne à cette lampe le plus grand prix.

A la pl. 30 se trouve une autre lampe en bronze. Une statuette
de danseur qui la surmonte lui servait de principal ornement, en
même temps qu'elle servait à la suspendre à un λυχνοῦχος, quand on
ne voulait pas la poser sur un candélabre.

Les candélabres étaient des meubles qui servaient à porter les

Lampe à deux mèches
(*lucerna bilychnis*,
δίμυξις).
[Pl. 29, 32, fig. 1.]
Lampe à plusieurs
mèches
(*lucerna polymyxos*).
[Pl. 30.]
Lampes à suspension
(*lucerna pensilis*).
[Pl. 31, fig. 1.]

Candélabres
(*candelabrum*).

lampes à des hauteurs plus ou moins élevées du sol. Ils étaient quelquefois en bois ; mais c'était en bronze qu'on les faisait la plupart du temps.

Candélabres de l'espèce *humilis*.
[Pl. 32, 33, fig. 1 et 2.]

Ceux qui étaient peu élevés s'appelaient *candelabra humilia*. On en voit plusieurs exemples pl. 32 & pl. 33. Ces sortes de candélabres, à proprement parler, socles ou pieds de lampes, étaient portatifs & se posaient sur des tables.

Candélabres élevés (λυχνοῦχος).
[Pl. 34 à 40.]

Les candélabres élevés, composés de pieds, d'une tige (*scopus*) & surmontés d'un plateau (*superficies*), s'appelaient λυχνοῦχος. Ceux dont les pieds inférieurs sont couverts d'un plateau sont très-rares & se rapprochent, dans leurs ornements, plus du travail grec que de celui des fabriques latines. Quant à la description de leurs ornements, nous renvoyons aux planches, qui en feront mieux saisir tous les détails qu'un long discours.

Λαμπτήρ.
[Pl. 42, 45.]

Les pl. 40 & 45 fournissent deux exemples de λαμπτῆρες, sortes de pied fixe élevé dont le sommet est creusé en cuvette au lieu d'être terminé par une *superficies,* dispositions qui en font de véritables lampes.

Le λαμπτήρ de la pl. 40 est en bronze, celui de la pl. 45 en marbre.

Enfin il y avait des candélabres qui étaient disposés pour y suspendre des lampes au moyen de chaînes : tels sont les candélabres représentés pl. 43 & 44.

Candélabres.
[Pl. 42, 46.]

Les pl. 42 & 46 montrent le parti décoratif que les artistes savaient tirer des dispositions propres & nécessaires aux candélabres, qu'ils fussent destinés à porter ou à suspendre des lampes.

Lychnuchus pensilis.

On se servait aussi de plateaux attachés aux plafonds des appartements pour y suspendre plusieurs lampes. Ces plateaux s'appelaient *lvchnuchus pensilis.*

Foyer (*focus*, ἑστία, ἐσχάρα).

Le foyer (*focus,* ἑστία, ἐσχάρα) primitif des habitations romaines consistait en une plate-forme carrée de pierres ou de briques élevée quelque peu au-dessus du sol. Tel fut, même après que le luxe se fut introduit dans la demeure des Romains, le foyer consacré aux lares, celui qu'on plaçait dans l'atrium.

La question de savoir si les anciens connurent l'usage des cheminées est encore indécise. Ce que nous savons, c'est que pour chauffer leurs appartements ils se servaient de brasiers. Ces brasiers étaient faits plutôt en bronze qu'en tout autre métal & dans les formes les plus variées. La pl. 47 offre deux brasiers dont l'un est circulaire, l'autre carré. Le bois qu'on brûlait dans les brasiers était préparé pour éviter autant que possible la fumée. Cette préparation consistait, suivant Pline, à le plonger dans de l'huile pendant un certain temps, ou bien à verser seulement de l'huile à sa surface. On le préparait aussi en le plongeant dans l'eau tout écorcé, opération qui durait quelque temps & obligeait à le faire complétement sécher avant de s'en servir. Souvent on se contentait de le faire sécher au feu, sans cependant l'amener à l'état de charbon. Le bois ainsi préparé recevait le nom de *coctilia* & se vendait au poids dans des boutiques spéciales. Pour maintenir entre ces bois un courant d'air, on les inclinait vers le centre du brasier en faisant porter l'autre extrémité sur ses parois. Aussi les artistes qui s'ingéniaient à orner ces sortes de meubles avaient-ils cherché à tirer de cette nécessité un motif de décoration, en formant, par exemple, des créneaux tels que ceux qui terminent d'une façon assez singulière, mais très-gracieuse, les parois des foyers représentés sur la pl. 47.

La pl. 48 représente un meuble destiné, sans doute, à être placé dans le triclinium : c'est une sorte de *caldarium* (bouilloire) qui pouvait en même temps chauffer la chambre & tenir lieu de fourneau. Ce meuble se compose de trois parties distinctes : un foyer (*focus*) proprement dit, & deux bouilloires, l'une, le *miliarium*, pour chauffer l'eau; l'autre, le *caldarium*, pour réchauffer les boissons. Le miliarium, bouilloire à double fond, prolongeait en quelque sorte le foyer. Sur ses flancs sont des robinets singulièrement ornés qui servaient à vider le contenu. Le caldarium est cylin-

Brasier (*foculus*, ἐσχάριον).
[Pl. 47.]

Caldarium.
[Pl. 48.]

drique, en forme de tour; son couvercle est à charnière & surmonté d'une petite figurine qui servait de bouton pour le lever. A la partie supérieure est un autre orifice orné d'un masque par où s'échappait la vapeur. Les sphinx & autres figurines qu'on observe dans ce petit meuble sont tous remarquables de finesse & d'à-propos.

LIVRE TROISIÈME.

USTENSILES DE TABLE.

CHAPITRE PREMIER.

INTRODUCTION.

DES REPAS CHEZ LES ANCIENS.

Nous avons dit, à propos des sacrifices, qu'ils étaient ordinairement accompagnés de libations; quelquefois aussi ils étaient suivis de repas. L'usage voulait que dans ces repas sacrés on ne se servît que des vases & autres ustensiles consacrés. Ils se prenaient debout & sur des tables distinctes de celles où se faisaient les libations.

Chez les Romains comme chez les Grecs, les cérémonies religieuses du mariage se terminaient par un repas. On honorait la mémoire des morts par des repas qui se servaient dans la demeure des parents de ceux dont on déplorait la perte; à Rome, ces repas funéraires avaient lieu quelquefois sur les tombeaux.

Lorsqu'un augure entrait en charge, ou bien à la consécration du pontife, les augures devaient se trouver au repas de réception, *editiales cœnæ,* qui leur était offert par leur nouveau collègue; ils ne pouvaient s'en dispenser qu'en faisant attester par trois témoins qu'ils étaient malades.

Fête des Festins
(*lectisternium*).

Dans les temps de calamité & pour apaiser les dieux, on donnait aux frais de la République des festins aux principales divinités dans un de leurs temples, pensant qu'elles y prendraient part effectivement, parce qu'on y avait invité leurs images & qu'on les leur avait offerts. Cette cérémonie religieuse s'appelait la *Fête des festins* (*lectisternium*). Cette fête, dont on retrouve l'origine en Grèce, ne fut instituée à Rome que vers l'an 356 de sa fondation, à la suite d'une peste qui avait fait périr un nombre prodigieux d'animaux de toute espèce. Mais plus tard les Romains y trouvant l'occasion de déployer ce luxe inouï dans leurs services de table que leurs satiriques leur reprochaient en termes si amers, prirent l'habitude du lectisternium sans qu'il fût besoin pour le donner d'avoir à implorer la protection des dieux.

Les repas faisaient aussi partie des cérémonies religieuses de certains cultes, tels que ceux de Cérès, de Bacchus, de Saturne & de Jupiter Capitolin.

Repas de confédération.
Repas par écot.

Les anciens confirmaient souvent leurs traités & leurs alliances par des repas qu'ils appelaient *repas de confédération*. Quelquefois ils se réunissaient entre eux & faisaient des repas dont chaque convive payait également sa part; c'était le *repas par écot*. Le jour qu'un général triomphait, quand on payait la dîme à Hercule, & dans plusieurs autres solennités, on donnait au peuple des repas sous les portiques dont les temples étaient environnés. Ces repas *Cœna triumphalis.* s'appelaient *cœna triumphalis* ou *cœna popularis*, suivant les circonstances pour lesquelles ils avaient lieu.

Les Romains déjeunaient, dînaient & soupaient.

Déjeuner (*jentaculum*).

Le déjeuner, *jentaculum*, était un repas léger où l'on ne prenait que du pain trempé dans du vin pur; il était surtout dans les usages des ouvriers.

Dîner (*prandium*).

Le dîner ou second repas, *prandium,* se prenait sur le milieu du jour & tenait lieu du *jentaculum* aux gens sobres. Ce repas se composait de pâtisseries ou de mets légers.

Souper (*cœna*).

Le seul repas substantiel était le repas du soir, le souper

(*cœna*), qui, pour les riches, se prolongeait souvent fort avant dans la nuit. Par extraordinaire, dans les jours de grande solennité, il était suivi d'une collation, *comessatio,* qui souvent dégénérait en orgie. On confond souvent la *comessatio* avec le *symposium,* bien que ce dernier repas fût surtout consacré à boire & qu'il ne fût pas nécessaire d'avoir soupé pour y assister.

Collation (*comessatio*).

Symposium.

Le repas qu'on appelait *convivium (banquet)* excluait toute idée de débauche & différait en ce sens de la collation ou de l'orgie qui par la suite le terminait presque toujours.

Banquet (*convivium*).

On se mettait à table après la sortie du bain ; mais avant de toucher à aucun mets on faisait les libations.

Les libations (*libatio*) des repas étaient de deux sortes : l'une consistait à séparer quelques morceaux de la viande servie & à les brûler en l'honneur des dieux lares ; l'autre, à répandre quelque liquide, tel que du vin, du lait ou de l'huile, sur le foyer.

Libations (*libatio*).

Dans l'origine, les repas des anciens étaient très-simples & consistaient surtout en laitage & en fruits. Ce ne fut que vers la fin de la République que les Romains commencèrent à déployer dans leurs tables le luxe le plus extraordinaire, le raffinement le plus exagéré. Après les libations, on offrait aux convives, sur des plateaux, les mets excitants, pour ouvrir leur appétit ; puis commençait le premier service (*mensa prima*), composé des poissons les plus rares & des viandes les plus recherchées. Venaient ensuite les fruits & les pâtisseries qui formaient le second service (*mensa secunda*). Les boissons & les mets étaient servis sur des tables distinctes. Les mets étaient dressés par le *structor,* & apportés sur des plateaux ou sur des tables toutes servies par les esclaves du *tricliniarcha (maître d'hôtel),* après que le *prægustator* en eut goûté la préparation. Pendant le repas, de jeunes esclaves chassaient les mouches, agitaient l'air avec des éventails de plumes des oiseaux les plus rares ; d'autres, les *analecti,* avaient soin d'entretenir la propreté de la table. Des échansons (*pincerna, pocillator*) versaient aux convives les boissons ou le vin puisé au *cratère,* en même

Premier service (*mensa prima*).

Second service (*mensa secunda*).

Structor.
Maître d'hôtel (*tricliniarcha*).
Prægustator.

Analecti.
Échansons (*pincerna, pocillator*).

Écuyer tranchant *(carptor)*.

Lecteur *(anagnostes)*.

temps que d'autres esclaves leur apportaient les viandes découpées par le *carptor (écuyer tranchant)*..

Les personnes riches, pour se distraire pendant leurs repas, avaient des lecteurs *(anagnostes)*; c'étaient des esclaves dont l'esprit était cultivé, qui leur lisaient des morceaux instructifs & amusants. Dans les festins on jouait de la flûte au commencement, au milieu & à la fin de chaque service, pour avertir, sans doute, les esclaves, qui servaient même quelquefois en cadence. On ajoutait aussi à l'éclat de la fête soit par une musique mélodieuse qui ne cessait qu'au départ des convives, soit en faisant venir des histrions, des danseuses, qui réjouissaient & animaient le repas par leurs saillies & leur adresse.

CHAPITRE II.

PLATS ET VAISSELLE.

Ce ne fut que longtemps après Auguste que les Romains usèrent pour leur repas de nappes (*mantele*); on en changeait à chaque service. Quant aux serviettes (*mappa*), l'usage n'en fut introduit que bien plus tard encore. Ils ne s'en servaient que pour essuyer les mains & la bouche : chaque convive apportait la sienne & en usait souvent pour emporter les friandises qu'il ne pouvait manger à table.

Pendant longtemps on a supposé que les anciens ne connaissaient pas les cuillers ni les fourchettes. Les fouilles de Pompéi sont venues lever tous les doutes à l'égard des cuillers. L'on trouvera pl. 49, aux fig. 2 et 4, des cuillers de diverses dimensions; celle fig. 3 s'appelait *ligula*, parce que sa forme rappelait celle de la langue humaine; on s'en servait pour manger les confitures ou bien à écrémer. Les fig. 1 & 2 de la pl. 65 nous montrent une cuiller d'une forme particulière appelée *cochlear*, qui servait pour les œufs, l'un des mets favoris des anciens. Cette cuiller est disposée pour pouvoir maintenir l'œuf dans l'eau chaude jusqu'à ce qu'on juge l'œuf arrivé à parfaite cuisson. Quant aux fourchettes, l'incertitude sur leur usage n'a cessé que depuis la découverte qu'on a faite d'une cuiller à cinq branches dans une tombe de Pæstum.

La vaisselle de table se composait, en outre des cuillers & des

Nappe (*mantele*).

Serviette (*mappa*).

Cuiller (*ligula*).
[Pl. 49, fig. 2, 3, 4.]

Cuiller pour les œufs
(*cochlear*, κοχλιάριον).
[Pl. 65, fig. 1 et 2.]

Fourchette .

fourchettes, de salière (*salinum*), d'*incitega*, à proprement parler (*porte-bouteille*) de diverses sortes, tels que huiliers, &c., & de coupes, *acetabulum*, remplies de vinaigre, qu'on plaçait devant les convives pour y tremper leur pain.

Les anciens désignaient tous leurs plats par le nom générique de *discus*. La fig. 1, pl. 49, représente un plat d'argent, sorte de plateau creux qui pouvait aussi bien servir de *circulus* sur lequel on passait à chaque convive sa part, que de *lanx*, plateau d'argent sur lequel se dressaient les fruits.

La pl. 50 représente un plat en argent dont les emblèmes sembleraient indiquer qu'il servit à mettre des viandes. Ce serait un des plats que les anciens appelaient *patella* ou *patina* par opposition à celui qu'ils nommaient *catinum*, plat profond dans lequel on servait les légumes, le poisson & la volaille : plat dont on voit un spécimen en bronze, fig. 1, pl. 51.

Les anciens faisaient encore usage de quelques autres plats propres à certains mets, tels que le *pultarius*, dans lequel on servait la soupe & dont la forme était celle d'un entonnoir renversé, le *fabatarium* pour la bouillie de fèves, le *boletar* sur lequel se plaçaient les champignons, l'*alveus* pour les olives & la *calix*, plat de forme circulaire propre à servir les légumes.

Avant & souvent pendant les repas les anciens avaient pour habitude de se laver les mains; le plat fort creux ou plutôt le bassin propre à cet usage s'appelait *lebes* & se faisait en matière précieuse. La coupe en bronze, fig. 2 de la pl. 51, nous paraît être de cette espèce. Elle est ornée sur ses bords de ciselures délicates, & ses anses rappellent symboliquement sa destination : d'être un vase pour l'eau. Deux serpents relèvent leurs têtes sur les bords de la coupe comme pour s'y désaltérer après s'être dépouillés de leur venin, dans la crainte d'infecter leur boisson; moment opportun que les lions, leurs ennemis naturels, choisissent pour les surprendre.

CHAPITRE III.

VASES POUR LES BOISSONS.

Les vases dont les anciens se servaient dans leurs repas pour contenir leurs boissons peuvent être divisés en trois classes distinctes : les cratères, les hydries, les vases à vin ou autre liquide.

Les cratères (κρατήρ) de κεράννυμι, *je mêle,* étaient des vases dans lesquels on préparait le mélange d'eau & de vin destiné aux convives. On les plaçait sur le sol en avant de la table & les esclaves venaient y puiser le liquide avec le gutturnium pour le verser dans les coupes; quelquefois on plaçait le cratère sur la table, il s'appelait alors l'hypocratère (ὑποκρατήριον). L'hypocratère différait du cratère en ce qu'il pouvait se détacher de sa base, tandis que ce dernier ne formait qu'un seul tout avec elle. On désignait aussi les cratères par le mot *mixterius.*

La pl. 52 représente un cratère en marbre dont la destination se trouve indiquée symboliquement par les serpents, les feuilles d'iris & les masques bachiques entremêlés dans ses anses.

Le cratère en bronze de la pl. 53 est remarquable de forme & surtout par ses nombreux ornements d'argent incrustés.

Souvent on rencontre des cratères dont les anses se terminent par des figures de divinités telles que Bacchus, Jupiter, Vénus, l'Amour, les Grâces, la Volupté, &c., ce qui semblerait indiquer que l'usage était de dédier ces sortes de vases. Le cratère en bronze,

Cratère (κρατήρ).

Cratère en marbre.
[Pl. 52.]

Cratère en bronze.
[Pl. 53.]

Cratère en bronze.
[Pl. 55.]

pl. 55, présente à ses anses des têtes de Bacchus barbu & donne un exemple de ce genre de décoration emblématique.

Dans la pl. 54 est dessiné un magnifique cratère en terre cuite, dont le col est orné d'une peinture représentant Bacchus entraîné par l'Amour. Ce vase étrusque d'un fort beau travail a été trouvé à Oria.

Les hydries (*hydria*) servaient à mettre l'eau. On en faisait de toute forme, de toute dimension & dans les matières les plus diverses. Ce n'est qu'à leurs emblèmes qu'on peut réellement les distinguer des vases à vin.

L'hydrie en bronze de la pl. 56 est surtout remarquable par la disposition de ses anses, qui devait, en donnant du maintien au vase, rendre l'épanchement du liquide assez difficile pendant son transport d'un lieu à un autre.

Les hydries en bronze de la pl. 57 montrent quelle variété de forme & d'ornementation les artistes de l'antiquité savaient donner à leur œuvres sans atténuer en quoi que ce soit les conditions imposées par leur destination réelle.

La pl. 58 donne une suite de vases en bronze qui servaient à mettre l'eau sur la table & à la verser aux convives.

La pl. 62 donne les détails d'un vase très-intéressant, c'est un caldarium (*bouilloire*) en bronze. Le corps du vase est d'une figure presque sphérique ; le foyer où l'on met le charbon pour maintenir ou élever la température du liquide est au centre même du vase. Aux extrémités du diamètre opposé à celui des anses sont deux ouvertures, l'une pour remplir l'intérieur de liquide, l'autre en forme de tuyau avec robinet à clef pour le verser extérieurement ; un couvercle à charnière dont la pointe est tronquée pour laisser dégager les gaz du foyer, surmonte cette bouilloire.

Les vases à vin, comme les hydries, se distinguaient des autres vases à l'usage des habitations particulières, par leur plus grande richesse de forme & d'ornementation.

Les pl. 58 *bis,* 59, 60 & 61 donnent une suite des plus remar-

---

Cratère en terre cuite. [Pl. 54.]

Hydrie (hydria).

Hydrie en bronze. [Pl. 56.]

Hydries en bronze. [Pl. 57.]

Hydries en bronze. [Pl. 58.]

Bouilloire (caldarium). [Pl. 62.]

Vases à vin en bronze. [Pl. 58 bis, 59, 60 & 61.]

quables vases à vin en bronze conservés au musée de Naples. Ces reproductions montrent toutes les finesses des ornements & emblèmes dont les anciens aimaient à parer les objets dont ils se servaient même dans l'usage de chaque jour.

En examinant les vases que nous donnons, on peut se rendre compte de la difficulté qu'on éprouve pour leur attribuer une destination certaine; malheureusement nous manquons de classification pour les vases usités chez les anciens. Les essais que l'on a tentés jusqu'à présent dans ce but n'ont pas donné de résultats satisfaisants ni complets, malgré tous les soins qui ont pu être apportés.

CHAPITRE IV.

VASES POUR VERSER LES BOISSONS.

Vases pour verser le vin
(*capis, gutturhium*).
Epichysis.
[Pl. 63, 64 & 65.]

La difficulté de classification dont nous venons de parler se retrouve dans les vases pour verser les boissons. Les anciens se servaient pour verser le vin d'un pot à une seule anse (*capis*), ou bien du gutturnium, vases semblables à ceux de même nom dont nous avons parlé au chapitre des sacrifices, ou bien encore de l'*epichysis*, pot à col très-étroit; mais on se servait aussi de ces vases pour verser l'huile; en outre souvent ils étaient consacrés & appartenaient au culte. Nous ne saurions donc affirmer que les vases dont les pl. 63, 64 & 65 donnent les figures, furent spécialement destinés à verser le vin aux convives dans les repas. Mais on remarquera que la tête de Bacchus barbu des vases 1 & 3 pl. 63, la charmante statuette du dieu Pan formant l'anse du vase 4 pl. 64, & les animaux des anses du *gutturnium* de la pl. 65, sont autant de probabilités en faveur de notre hypothèse. L'aigle & le canard dont les figures forment les anses du vase 1 pl. 64, se prêtent moins bien à une interprétation technique; mais on sait que dans les festins d'apparat on servait les vins délicats dans les vases les plus précieux, même dans ceux qui n'avaient d'autre objet que d'orner les buffets, parmi lesquels la délicatesse de sa sculpture peut faire ranger le nôtre.

CHAPITRE V.

VASES ET COUPES A BOIRE.

Les formes des vases & des coupes à boire dont on se servait dans l'antiquité, varièrent suivant les temps, suivant les usages particuliers de chaque pays & de chaque époque, suivant enfin les matières dont ils étaient faits. Les coupes en terre cuite, les tasses en bois des temps primitifs furent d'abord remplacées par d'autres vases à une seule anse; puis ceux-ci par de nouvelles coupes à deux anses faites des matières les plus précieuses, des métaux les plus rares; mais parce que l'usage s'était introduit d'employer ces derniers, ou n'en avait pas moins conservé l'habitude des autres. Strabon rapporte que, de son temps, les tasses en terre cuite étaient très-recherchées, surtout celles décorées de peintures antiques, dont les prix étaient très-élevés. Il résulte de ces faits qui, du reste, sont dans l'ordre naturel des choses, qu'il y a presque impossibilité à faire concorder les formes si variées des vases qui sont parvenus jusqu'à nous avec les quelques désignations que nous en ont laissées les auteurs, & par suite à limiter l'usage de chacun d'eux.

On donnait souvent aux vainqueurs du gymnase des coupes à boire, on en offrait aussi aux initiés des mystères pour leur servir dans les cérémonies religieuses. Ces sortes de vases se distinguaient, sans doute, des autres par les sujets qui y étaient peints, mais on peut supposer que les possesseurs de tels objets tenaient à honneur de s'en servir dans les fêtes où ils conviaient leurs amis ou leurs parents. Aussi les avons-nous réunis à ceux dont on faisait usage dans les repas.

Poculum, ποτήρ, ποτήριον.

On donnait le nom de *poculum* (ποτήρ, ποτήριον) à toute espèce de vases à boire.

Tasses en terre cuite (*patera, scaphium*). [Pl. 66, 67 & 68.]

Les pl. 66, 67, 68, représentent des tasses en terre cuite auxquelles on pourrait peut-être appliquer le nom de *patera* ou de *scaphium* que les auteurs donnent aux coupes à boire peu profondes. Dans la tasse représentée pl. 66, les parties sculptées & lisses se font une heureuse opposition. Sur la tasse sculptée se développent ces mots : *Bibe amice de meo,* dont chaque lettre est séparée de la suivante par une sorte de feuille d'eau. Appel gracieux que la personne dont on voit le profil au centre fait à ses hôtes de prendre leur part de ses richesses (symbolisées par les caducées) en venant boire à sa table avec la coupe qu'elle leur offre.

Les tasses représentées pl. 67 & 68 sont remarquables par la finesse de leur profil, surtout celle 1 pl. 67. La pâte en est couleur jaune légèrement veinée de rose. Le vernis en est très-beau.

Tasses en argent. [Pl. 50 & 69.]

La fig. 1 de la pl. 50 représente une tasse en argent délicatement ciselé, dont les formes & les dimensions se rapprochent de celles de nos timbales. La pl. 69 nous offre une très-belle *patera* en argent décorée de branchages de vigne en haut relief du plus grand effet. Sur cette planche se voient deux autres fragments intéressants de tasses en même métal.

Vase cylindrique en plomb. [Pl. 70.]

Le vase cylindrique en plomb de la pl. 70 se rapproche par ses formes de nos timbales. La singulière disposition des ornements qui le décorent, les sujets des médaillons, peuvent faire supposer qu'il appartient à la catégorie des vases propres aux initiations. Les médaillons représentent alternativement l'un des douze dieux & un de leurs attributs, autant du moins qu'on peut en juger par les sept médaillons conservés intacts d'oxyde & qui sont gravés sur la même planche en grandeur naturelle.

La pl. 71 donne deux tasses en bronze qui nous paraissent être des patères à deux anses. Au fond de la seconde est un médaillon,

fig. 6, sur lequel sont sculptés en bas-relief Étra & Égis au moment
où ce dernier, ainsi que le raconte Apollodore, cache sous l'autel
de Jupiter son épée.

On appelait *diota* (διοτή) toute espèce de vase à deux anses;
parmi ceux-ci se trouvaient les *calix* (κύλιξ), qui étaient très-fréquem-
ment employés. Les calix étaient des vases peu profonds, circu-
laires, portés par des pieds de peu de hauteur & dont les joues
étaient accompagnées de deux anses. Les pl. 72 à 75 représentent
des calix en terre cuite sur lesquels sont d'intéressantes peintures.

Le calix de la pl. 72 fut sans doute donné en prix au personnage dont on voit le portrait en pied au fond du vase par les gym-
nastes ses maîtres, qui sont représentés sur les flancs extérieurs du
vase, au moment où ils donnent leur leçon au jeune héros. Sur les
champs lisses du médaillon se trouve peint le corrico, sac où l'on
mettait la poudre dont on se couvrait après avoir frotté ses mem-
bres d'huile. De l'autre côté est un *passalo (lanière)* duquel pend un
strigille & un petit vase à parfum, sans doute celui qu'on appelait
sitrotecito. Sur les champs laissés dans le pourtour entre chaque
personnage se voient une lyre & d'autres instruments du gymnase,
parmi lesquels on en distingue dont la forme se rapproche beaucoup de nos altères.

Le calix pl. 73, 74, nous offre trois sujets, dont deux sont
peints sur les parois extérieures & le troisième occupe le fond du
vase. Ce dernier représente sans doute une scène d'initiation aux
mystères symbolisés par les sphinx qui limitent les deux autres
scènes, dont la mort de Patrocle & le combat d'Hercule avec le lion
de Némée font les sujets.

Le calix pl. 75, de fabrication grecque, nous montre dans ses
peintures rouges sur fond noir les Amazones se préparant au
combat.

Les artistes de l'antiquité avaient trouvé dans le mythe des
Amazones l'idéal d'une certaine beauté féminine, celle de la femme
forte, qu'ils traduisirent toujours dans leurs images d'une manière

Calix (κύλιξ).

Calix en terre cuite.
[Pl. 72, 73, 74 & 75.]

identique. Les Amazones de la statuaire grecque qui sont parvenues jusqu'à nous paraissent avoir passé dans le même moule;
celles que nous retrouvons dans les peintures semblent décalquées
les unes sur les autres : chez toutes, même air grave dans le visage,
même puissance dans les formes, même tranquillité dans les mouvements.

D'après la tradition, le peuple des Amazones aurait émigré du
Caucase dans l'Asie occidentale & dans la Cappadoce, où elles
auraient formé un État dont la capitale fut Thémiscyre. De leur histoire les anciens connaissaient leurs guerres contre la Lycie où elles
furent vaincues par Bellérophon; celle contre les Phrygiens dont
parle Homère; la guerre de Troie, dans laquelle elles figurent
comme alliées des Troyens; leur invasion dans une des îles du Pont-
Euxin; celle qu'elles firent en Attique où les combattit Thésée, &
l'expédition d'Hercule contre leur reine Hippolyté pour lui ravir la
ceinture d'Arès dont Adméta, fille d'Eurysthée, lui avait demandé
la conquête. C'est à cette expédition que se rapporte cette autre
tradition de l'union d'Hercule avec Hippolyté dont Thésée aurait
été le fruit. Aux Amazones se rattachent les souvenirs des peuplades scythes, dont les femmes accompagnaient leurs maris à la
guerre. Tels sont du moins les principaux traits que l'art a recueillis
dans la fable des Amazones & qu'il nous a transmis. Ces traditions
fournirent en même temps aux artistes les costumes dont ils ont
revêtu les Amazones. Ces costumes sont de deux sortes, le dorien
& le scythe. Dans le costume dorien elles portent le casque grec,
une légère tunique tombant de l'épaule droite & retenue autour des
hanches par une ceinture sur laquelle en temps de guerre elles
portaient leur cuirasse. Elles avaient les bras, les jambes & les
pieds nus. Leurs armes étaient la lance, le bouclier & l'épée
courte, attachée à un baudrier qu'elles portaient en sautoir, la
hache, l'arc & les flèches. Le costume scythe consistait en une
fourrure ou étoffe épaisse qui couvrait entièrement le corps en le
serrant étroitement, par-dessus une sorte de jupe courte retenue

aux hanches au moyen d'une ceinture. Elles portaient le bonnet phrygien.

Quelques auteurs veulent que pour leur faciliter l'usage des armes on retranchât aux Amazones dès leur enfance la mamelle droite par le fer ou la cautérisation. L'art a repoussé sans doute cette tradition, si toutefois elle est fondée, car l'on ne peut retrouver cette particularité dans aucune des représentations que les anciens nous ont laissées de ces héroïnes.

Strabon déclare entièrement fabuleuse cette tradition des Amazones qui se reproduit d'âge en âge, avec de si merveilleuses circonstances & qui revient à dire que, dans ce temps-là, les hommes étaient femmes & les femmes hommes. « Cependant[1], si cet historien, dit M. Creuzer, eût puisé à la source des dogmes de la religion de l'Iran ; s'il eût suivi les colonies religieuses de l'Inde & de la haute Asie jusque dans l'Ionie, la Libye & la Grèce ; si enfin il eût porté un regard pénétrant dans l'essence de ces cultes, des guerres & des représentations variées qui s'y rattachaient, il n'aurait pas regardé comme de vaines fables les antiques récits sur les enfants du Soleil & les enfants de la Lune. »

Au lieu de faire sortir, comme le fait M. Creuzer, le mythe des Amazones des rites iraniens, assyriens & babyloniens du culte de Mitra, de voir dans les Amazones les hiérodules (serfs ou esclaves sacrés) de la déesse Mitra, symbolisant le cortége des étoiles autour de la Lune, déesse fécondante de la terre ; ne pourrait-on rechercher le véritable fond de cette fable dans les rites antiques, les cérémonies religieuses des nations guerrières de la Cappadoce, où, suivant M. O. Müller, Artémis, la Diane d'Éphèse, dont les Amazones consacrèrent, dit-on, la plus ancienne image & fondèrent le premier temple, se présentait, comme l'Astarté des Syriens, sous le double aspect d'une Bellone & d'une Grande-Mère (déesse ou principe femelle fécondant), & réunissait les attributs de Pallas

1. *Creuzer*, ouvrage déjà cité.

avec ceux de Vénus? Les Amazones seraient les servantes, les hiérodules martiales de cette divinité, véritable hermaphrodite lunaire qu'elles honoraient en renonçant à la maternité & en se livrant aux exercices guerriers; symbolisant sur elles-mêmes la stérilité périodique des divinités de la lumière & les combats qu'elles soutiennent contre les pouvoirs ténébreux de la nuit & de l'hiver.

Toutes ces origines sont bien indécises & peut-être vaudrait-il mieux s'en rapporter aux monuments seuls de l'art, où les artistes ont toujours soigneusement écarté de la représentation des Amazones toute idée androgynique pour ne caractériser en elles que l'idée de virilité. Pour l'artiste grec l'Amazone est une *virago* au service d'un culte à la fois sidérique & martial; c'est la femme forte, pleine de vigueur, la *femme héroïque*. Ainsi en passant dans la mythologie grecque la fable des Amazones se lia tout d'abord aux mythes d'Hercule, de Thésée.

Céras (κέρας).

On donnait le nom de *céras* (κέρας) aux cornes à boire faites, dans l'origine, avec des cornes de bœuf, plus tard avec les matières

Dicéras (διχέρας).

les plus diverses; & celui de *dicéras* aux cornes percées à leur extrémité d'un trou par lequel le liquide s'écoulait. L'usage de ces sortes de vases paraît fort ancien & avoir surtout été en grande vogue dans la Thrace. Après s'être répandus en Grèce & en Italie, les céras subirent dans leurs formes diverses transformations. C'est dans ces pays, en effet, que la pointe aiguë de la corne fut remplacée par des têtes d'animaux ou d'êtres fantastiques. Les céras ainsi modifiés prirent le nom de *rhyton* (ῥυτόν).

Rhyton (ῥυτόν). [Pl. 76, 77 & 78.]

Les rhytons se distinguaient les uns des autres par le nom de l'animal dont la tête faisait l'extrémité. Parmi les rhytons en terre cuite figurés dans les pl. 76, 77, 78, celui à tête de cheval s'appelait *hippos*, celui à tête de sanglier *capros*, & de même pour les autres. Les rhytons étaient tantôt fermés, tantôt ouverts à leur

Διχρούνος.

extrémité; dans ce dernier cas ils prenaient le nom de διχρούνος. Les rhytons, comme les céras, se posaient sur des trépieds placés devant chaque convive.

A côté des céras on doit ranger d'autres vases de forme cylindrique, à fond plat, mais comme eux à une seule anse; ce sont les *holmos* (ὅλμος). Dans les temps primitifs, les holmos étaient en terre cuite & très-simples d'ornementation; par la suite, ils subirent des transformations analogues à celles des céras. La fig. 1 de la pl. 77 nous montre un holmos en terre cuite en forme de tête d'homme, peut-être celle d'un Bacchus barbu, ainsi que pourraient le faire supposer les ornements en forme de thyrse qui encadrent la scène religieuse peinte sur la partie cylindrique du vase. Cette scène représente un devin à qui une femme demande de lui révéler l'avenir, & sa représentation sur cet holmos semblerait indiquer qu'il servit à l'usage d'un initié.

Les pl. 79 & 80 représentent deux magnifiques vases en argent, trouvés en 1835 dans les fouilles de Pompéi, sur lesquels sont figurés des centaures & des centauresses jouant avec des enfants. Les anciens donnaient à ces sortes de vase le nom de canthare (κάνθαρος), sans doute parce que leurs anses longues & étroites ressemblaient aux marteaux avec lesquels on frappait aux portes. Plusieurs pensent que cette appellation leur vient de leur ressemblance avec les vaisseaux de ce nom.

Le nom de *carchésion* (καρχήσιον) s'appliquerait peut-être mieux à ces vases larges, très-resserrés vers le milieu de leur hauteur & garnis d'oreilles ou d'anses semblables à celles du cantharus. Le carchésion était consacré à Hercule.

Le *cotylos* (κότυλος) était un vase à boire, consacré à Bacchus, en usage dans l'Italie & l'Ionie; d'après Glaucon, il paraîtrait qu'à Tarente & à Sicyone où il était aussi fort en usage, c'était à Apollon que ce vase était consacré. La fig. 3 de la pl. 107 nous montre un cotylos. Le cotylos fig. 4 même planche est de grande dimension; il dut plutôt servir de cratère que de vase à boire; une scène de comédie y est peinte.

La *pithacné* (πιθάκνη) comme la cymbé servaient à Sparte dans les repas publics. Parmi les vases à boire la pithacné doit être rangée

Holmos (ὅλμος).
[Pl. 77, fig. 1 & 2.]

Cantharus (κάνθαρος).
[Pl. 79 & 80.]

Carchésion (καρχήσιον).

Cotylos (κότυλος).
[Pl. 107, fig. 3 & 4.]

Pithacné (πιθάκνη).

parmi les plus anciens ; sa forme tient de celle du pithos. Les pithacnés de Mégare avaient une très-grande réputation.

Dépas (δέπας).

Un autre vase dont l'usage remonte aussi à une très-haute antiquité est le *dépas* (δέπας). Sa forme est celle de la phiale à laquelle on ajouterait deux anses. On présentait ces vases aux convives qui devaient les vider aussitôt que remplis.

Dans les collations, au dessert des repas, on servait souvent aux convives des vases très-petits de forme pour boire les vins fins sans mélange d'eau, souvent aussi des vases énormes que l'on faisait circuler à la ronde afin que chaque convive bût en l'honneur des dieux.

Cymbion (κυμβίον).
Bombylios (βομβύλιος).
Arystichos (ἀρύστιχος).

Parmi les premiers étaient ces vases que les auteurs nomment *cymbion* (κυμβίον), *bombylios* (βομβύλιος) & l'*arystichos* (ἀρύστιχος). Le cymbion avait la forme d'un vaisseau, suivant Didymus ; il ne comportait pas d'anse & c'était par un col long & étroit figurant assez bien une proue de navire qu'on buvait son contenu. Le bombylios servait à boire le vin goutte à goutte tant son col étroit pouvait laisser passer peu de liquide à la fois. L'arystichos, vase assez large du bas, très-resserré au col, ressemblait en quelque sorte à une bourse fermée.

Acatos (ἄκατος).
Lépasté (λεπαστή).
Pétacnons (πέτακνον).
Phtoïdes (φθοΐς).

Parmi les seconds se trouvaient les *acatos* (ἄκατος), les *lépastés* (λεπαστή), les *pétacnons* (πέτακνον) & les *phthoïdes* (φθοΐς). Les acatos étaient de grandes phiales larges & profondes souvent accompagnées d'un ombilic au milieu, qu'on décorait de divers masques ou autres figures. La lépasté était une espèce de cylix où l'on pouvait boire à grands traits ; elle avait deux anses. Le pétacnon procède plutôt de la phiale que du calix ; ce qui le distingue de ces vases c'est son pied en forme de phiole renversée & sa grande proportion. Quant aux phtoïdes, elles tiennent des phiales & se confondent souvent avec l'acatos.

Passoires à rafraîchir.
[Pl. 76, fig. 4 & 5.]

Les fig. 4 & 5 de la pl. 76 représentent une petite passoire en métal blanc dont la forme doit faire supposer qu'elle servait à passer le vin qu'on versait dans les vases à boire : opération que l'usage de conserver le vin dans de la poterie rendait souvent nécessaire. Cette passoire peut aussi avoir pour objet de contenir de la neige glacée sur laquelle on faisait passer le vin pour le refroidir lorsqu'on le versait aux convives.

La fig. 1 de la pl. 108 nous montre un vase en bronze sur l'usage duquel on est réduit aux conjectures. Quelques-uns veulent que ce vase ait servi pour rafraîchir les mains des convives pendant le repas ; d'autres veulent y voir un de ces vases qui, au temps de la décadence des mœurs romaines, servaient aux gourmands, pour rendre les aliments qu'ils avaient pris & pouvoir ainsi recommencer leur repas.

Vase en bronze.
[Pl. 108, fig. 1.]

LIVRE QUATRIÈME.

VASES D'ORNEMENT.

— —

CHAPITRE PREMIER.

INTRODUCTION.

DE LA POTERIE CHEZ LES ANCIENS.

En énumérant les divers ustensiles consacrés au culte & ceux à l'usage de la maison & de la table chez les anciens, nous avons eu à mentionner une quantité considérable de vases. L'étude des usages funéraires nous fournira l'occasion d'en citer de nouveau un grand nombre. L'art du potier devait encore répondre à d'autres besoins ; c'est à lui que les anciens s'adressaient pour ces vases de prix que l'on distribuait en récompense aux vainqueurs dans les jeux publics & dans les exercices ordinaires du gymnase, ou pour ces vases de toilette destinés à contenir le fard & les parfums, ou bien encore pour ces vases de noce que les parents & les amis envoyaient aux fiancés, vases que l'on retrouve souvent dans les tombeaux. C'est aussi à l'art du potier que les anciens demandaient ces magnifiques vases qui décoraient leurs demeures. Les usages auxquels les anciens consacraient les vases étaient donc fort nombreux, peut-être même ne les connaissons-nous pas tous.

Partout où les Grecs ont fondé des colonies, partout où ils ont porté leurs pas on trouve des vases en poterie. On sait par les auteurs, & les débris de cet art recueillis dans nos musées nous apprennent que dans la Campanie & la Grande Grèce les villes de Locres, de Cumes, de Sorrente, de Pæstum, de Nocéra & de Nola possédaient des fabriques de poterie. Athènes, Corinthe, Égine, Rhodes, Samos, Milo, dont les produits céramiques jouissaient de la plus grande réputation; Agrigente en Sicile, Bari & Ruvo dans la Pouille, Canosa dans la Basilicate, Corneto, Chiusi, Pérouse & surtout Vulci sont représentés dans les collections de vases antiques par de si beaux & si nombreux spécimens qu'on ne peut douter que ces villes n'aient été de grands centres de fabrication ou tout au moins de commerce pour l'art de la céramique antique.

Pendant longtemps sur la foi de l'érudition des Dempster, des Gori & des Passeri, on fit honneur à l'Étrurie seule de la grande industrie des vases peints. Winckelmann, puis Lanzi, établirent d'une manière irréfutable que les vases peints devaient tous avoir une origine grecque. Nous venons de voir que plusieurs villes de la Campanie & de l'Étrurie possédèrent des fabriques de poterie, car la difficulté du transport de ces fragiles monuments ne permet pas d'admettre que ces villes furent seulement des comptoirs de commerce en poterie. Il est donc probable que les fabriques de ces pays furent exploitées par des Grecs qui appelèrent le concours des potiers & des peintres de vases de l'Attique, & que leurs produits durent rester empreints de l'art grec tout en satisfaisant par leurs formes & leurs décorations aux besoins & aux croyances des peuples auxquels ils étaient destinés.

On a calculé que l'ensemble des collections publiques & particulières pouvait représenter environ soixante mille vases. Tous ne sont pas d'une fabrication également soignée : on en trouve dont la terre a été mal cuite, & qui n'ont pas reçu les couleurs de fond. Il y en a d'autres dont la terre, cuite & bien travaillée, n'a reçu qu'après coup les ornements qui ressortent sur le fond.

D'après Caylus [1], pour concevoir le travail des vases peints,
il faut observer d'abord que le fond est noir, que les figures sont
rouges & que ces deux couleurs sont également relevées par une
couleur blanche. On mettait les plus grands soins dans le choix des
terres; leur lavage & leur préparation se faisaient d'une manière
analogue à celles en usage pour nos travaux en faïence & en por-
celaine. Souvent on employait deux sortes de terre, l'une noire,
l'autre blanche; la première paraît moins souvent employée que la
seconde. La terre préparée avec les soins les plus minutieux, on
la mettait sur le tour pour lui donner sa forme. Nous ne connais-
sons qu'un nombre restreint de vases en poterie dont les formes
indiquent qu'ils furent faits à la main. Les morceaux ainsi préparés
ont été cuits très-légèrement, pour faire ce que nous nommons bis-
cuit, sur lequel on met ensuite la couleur ou l'émail; mais comme leur
terre était généralement blanche avant la pose de l'émail, ils avaient
soin de tremper leurs ouvrages dans une couleur rougeâtre, mais
claire & fort approchante de celle de notre terre cuite. Les terres
se trouvant ainsi préparées, voici l'opération la plus essentielle pour
la façon de les orner. Quand la couverte noire & rouge était sèche,
le peintre, ou plutôt le dessinateur devait nécessairement calquer
ou poncer son dessin; &, selon l'usage de ce temps, il n'a pu se
servir, pour y parvenir, que de lames de cuivre très-minces, sus-
ceptibles de tous les contours, & découpées comme l'on fait aujour-
d'hui en mêmes lames, pour imprimer les lettres & les ornements.
Il prenait ensuite un outil fort tranchant, avec lequel il était maître
de faire, ce qu'on appelle de réserve, les traits les plus déliés; car
il emportait & ôtait la couverte noire sur tout ce qui devait être clair,
travail qu'on ne saurait mieux comparer qu'à celui de la gravure sur
bois. Alors la couleur rouge se distinguait, & faisait voir fort nette-
ment les figures, les ornements, & tout ce qu'on avait entrepris de
représenter. Enfin, ces ouvrages étant parvenus à ce point, on leur

---

1. Caylus, *Recueil d'antiquités*, 1, 86.

donnait la seconde cuite un peu plus forte que la première. Quant
à la couleur blanche, qu'ils mettaient toujours avec le pinceau sur
les fonds comme sur les espaces couverts, c'est une espèce de
craie qui n'est pas comparable pour la solidité aux autres couleurs;
& c'est pour cela, sans doute, qu'ils l'employaient avec tant de
ménagement, & le plus souvent pour des parties de coiffures, de
bracelets & de reflets dans les ornements. Les anciens ignoraient,
sans doute, les moyens de mettre cette couleur au feu.

On a vu, dans les chapitres précédents, que nous avions déter-
miné le plus ordinairement la destination d'un vase par le sujet de
sa peinture. Il serait donc très-intéressant de connaître pour chacun
des vases qui sont parvenus jusqu'à nous, quelle a été l'intention du
peintre en réunissant sur un même vase des sujets sans aucune relation apparente. Malheureusement nous en sommes encore réduits
aux conjectures, & chaque fouille, en nous apportant de nouveaux
éléments, vient encore trop souvent renverser les théories qui parais-
saient les plus sûrement établies.

Toutefois il est deux classes de représentations d'une nature
tellement tranchée, qu'il est impossible de se méprendre sur l'intention de l'artiste : celles qui font allusion à quelque événement
important de la vie de la personne à laquelle ils ont appartenu &
celles qui se rattachent à sa mort. Quant aux représentations mytho-
logiques ou héroïques, l'incertitude est grande & l'on ne sait s'il
faut les ranger parmi les vases funéraires ou bien y voir le souvenir
de ces unions mystiques entre les initiés des deux sexes.

CHAPITRE II.

DES VASES DE DÉCORATION.

Les vases servaient aussi aux anciens pour orner leurs demeures. Souvent ils les exposaient dans des armoires que l'on nommait *cylicées* (κυλικεῖα), parce que la classe des cylix s'y trouvait la plus nombreuse & la plus estimée. C'est à l'usage de les placer dans des armoires qu'on doit, sans doute, attribuer la négligence avec laquelle est souvent faite l'une des deux peintures des plus beaux vases. Le côté du vase où cette peinture se trouvait, en était en quelque sorte le revers que jamais personne ne voyait. La plupart de ces vases de décoration n'avaient pas de vernis à l'intérieur. Cependant rien ne précise d'une manière formelle que tel ou tel vase ne fût qu'un vase de décoration, & que dans telle fête ou telle autre circonstance il ne servît pas aux usages auxquels les vases de même forme & de même proportion étaient ordinairement employés. Remarque qu'il ne faut pas oublier dans la description des *holcéons,* des *stamnos,* des *célibés* & autres vases qui va suivre.

Les pl. 81, 82, 83, représentent des *holcéons* (ὀλκαῖον), sortes de grands cratères, assez semblables de forme à nos calices.

L'holcéon en terre cuite de la pl. 81 nous offre deux scènes peintes, l'une où l'on voit deux personnages munis de bâtons, vêtus d'un manteau ; l'autre représente le dragon Ladon & deux Hespérides ou nymphes du jardin des Hespérides occupées à garder les pommes d'or, consacrées à Minerve par Eurysthée suivant les

Holcéon (ὀλκαῖον).
[Pl. 81, 82, 83.]

uns, à Bacchus suivant les autres. Les deux personnages peints sont très-probablement des initiés, & de leur présence sur cet holcéon on pourrait induire que ce vase doit être rangé dans la classe des vases de mystère, classe si nombreuse & dont les peintures n'ont pu jusqu'à présent nous apprendre l'usage ni la relation réelle que le peintre a voulu établir entre les personnages peints d'un côté & le sujet mythologique ou héroïque représenté de l'autre.

Le sujet de la peinture de l'holcéon de la pl. 82 n'est pas aussi facile à déterminer ; cependant on pourrait y voir un souvenir de la fête de Thya qui se célébrait à Élis en l'honneur de Bacchus. C'est pendant cette fête, au dire de Pausanias, que Bacchus daignait honorer les Éléens de sa présence : les prêtres du dieu apportaient dans son temple trois vases vides ; après quoi, ils fermaient les portes du temple en apposant leur cachet sur la serrure & permettaient à chacun d'y joindre le sien ; le lendemain on ouvrait les portes du temple pour que chacun vît les trois vases pleins de vin. La peinture de notre vase représenterait Bacchus accompagné de satyres & de bacchantes se rendant au temple pour y remplir les vases sacrés que les satyres portent & semblent montrer au dieu.

L'holcéon de la pl. 83 a été trouvé à Pæstum. Les sujets de ses peintures occupent deux zones distinctes. Dans la zone inférieure, on remarque un initié au milieu de femmes & d'hommes tenant en main, les uns des instruments de guerre, les autres des instruments de gymnase. Dans l'autre zone se trouve représentée l'ambassade envoyée par le roi des rois près d'Achille, pour l'engager à sortir de sa tente, où il s'était retiré après s'être vu enlever Briséis.

Stamnos (στάμνος), étaient des amphores destinées à contenir du vin. Ils servaient aussi de cratère, & souvent on donnait des stamnos remplis d'huile en prix aux éphèbes.

Le stamnos représenté pl. 84, & dont les peintures sont reproduites sur une grande échelle dans les pl. 85, 86 & 87, a été trouvé

Stamnos (στάμνος).
[Pl. 84, 85, 86, 87 & 89.]

dans un tombeau de Pompéi, avec son couvercle & un simpulum, circonstance qui vient confirmer l'opinion que nous exprimions ci-dessus, que les stamnos servaient de cratères. Celui-ci fut sans doute un vase consacré, autant du moins que ses peintures peuvent le faire entendre.

Les peintures de ce vase, qui est par lui-même très-beau de forme, sont fort remarquables, non-seulement par l'originalité des poses & la grande beauté du dessin, mais aussi par le sujet lui-même. Ce sujet se compose de deux scènes : dans la première on voit deux bacchantes & deux ménades, personnages habituels du cortége de Bacchus, se rendant au sacrifice ; la seconde représente le sacrifice lui-même : l'une des ménades puise dans un stamnos, avec le simpulum, le vin pour le verser dans le cantharus que l'on voit sur l'autel, & se dispose à faire les libations au dieu (Bacchus roi, Bacchus barbu, Bacchus indien), dont on voit le simulacre en arrière de l'autel, pendant que l'autre ménade accompagne du tambourin les hymnes que chantent les bacchantes.

Nous ferons remarquer dans le stamnos de la pl. 89 les ornements qui, entourant ses anses, séparent les deux sujets qui sont peints sur son contour ; rien ne saurait être plus gracieux ni mieux arrangé. Des deux sujets peints sur son contour, l'un représente un personnage tenant en sa main un bâton, vêtu comme le sont ordinairement ceux qui sont peints sur le revers des vases, & dans lesquels nous croyons voir des initiés ; ici ce personnage est entre deux femmes, qui semblent vouloir l'attirer chacune d'elles de son côté ; l'autre nous offre un épisode de la vie d'Hercule, que l'histoire nous a conservé. Nessus, centaure, fils d'Ixion & de la Nue, se trouvant sur les bords de l'Événus, aperçut Hercule & Déjanire arrêtés par les eaux du fleuve. Nessus leur offrit son secours qui fut accepté ; mais à peine eut-il passé le dépôt qui lui était confié, qu'il voulut lui faire violence ; mais Hercule le frappa de sa lourde massue, & le centaure, pour se venger, ayant trempé sa tunique dans son sang, la remit à Déjanire, en la lui présentant comme un moyen infaillible de conserver ou de rappeler l'amour d'Hercule. On sait ce qui arriva.

Quelle relation d'idées y a-t-il entre cette histoire & le personnage dont le vase nous montre le portrait ? C'est ce qu'il est assez difficile d'expliquer. En arrière d'Hercule est un troisième personnage qui vient encore ajouter à la difficulté : ce personnage est un roi, & l'on voit au-dessus de sa tête son nom, Énée.

Oxybaphon. Campana.
[Pl. 90, 91, 92.]

Les pl. 90, 91 & 92, représentent des vases que les Italiens appellent campana (nom que nous leur avons conservé), parce qu'ils ont la forme de cloches, & qu'en les frappant avec un petit bâton, ils peuvent rendre des sons très-mélodieux. Les anciens leur donnaient le nom d'*oxybaphon* (ὀξύβαφον), ainsi qu'on peut s'en assurer en rapprochant la forme de ces vases de celui qui se trouve dans la collection du prince S. Giorgio Spinelli à Naples, & qui porte l'inscription ὀξύβαφον, tracée à la pointe sous le pied du vase. Primitivement oxybaphon désignait un vase à vinaigre ; ce n'est que par la suite qu'on s'en servit pour mettre du vin.

Le contour de l'oxybaphon de la pl. 90 nous offre deux peintures, séparées l'une de l'autre par les anses du vase. Sur l'une se trouve représenté un bouquet, sur l'autre un fait héroïque : Persée faisant présent de la tête de Méduse à Minerve qui la mit, comme on sait, au milieu de son bouclier.

Les peintures du vase campana de la pl. 91 sont peut-être moins intéressantes ; mais elles nous paraissent avoir entre elles plus de rapport. Ainsi dans l'une se voient Bacchus & une nymphe, précédés d'un jeune garçon tenant d'une main le thyrse, de l'autre une acerra ; ce groupe est suivi d'un satyre portant une amphore. L'autre scène représente deux initiés, homme & femme, qui échangent un gage en présence d'un troisième personnage. L'ensemble de cette scène nous semble figurer un de ces mariages mystiques que les initiés du culte de Bacchus contractaient quelquefois entre eux, & dont ce vase était destiné à perpétuer le souvenir.

Le vase campana de la pl. 92 offre cette particularité, que les
personnages sont d'un ton jaune. Le sujet principal représente probablement une scène comique, telle que celles qu'on jouait primitivement dans les fêtes de Bacchus; coutume qui avait fait nommer
les acteurs dionysiaques.

Dans les pl. 93, 94 & 95, nous avons conservé les peintures
de plusieurs vases dont les formes des uns rappellent le symbole
sous lequel on représentait souvent Bacchus considéré comme dieu
créateur de toute chose, vases que l'on peut ranger dans la classe
des vases mystiques, & les autres ont la forme des vases campana.
La peinture de la pl. 93 nous offre une danse de bacchantes & de
satyres. La scène de la peinture pl. 94 représente le combat d'Hercule & de Busiris. Busiris, suivant la tradition populaire, était prince
égyptien, fils de Neptune & d'Anippé ou de Libye. Au commencement de son règne, l'Égypte fut, pendant neuf années consécu-
tives, en proie à une horrible famine. Un devin de Cypre prédit
qu'elle ne cesserait que si les Égyptiens venaient à calmer le cour-
roux des dieux en leur sacrifiant chaque année un étranger aux
cheveux blonds. Le devin fut tout le premier sacrifié; pendant plusieurs années cette immolation se renouvela, jusqu'à ce qu'enfin
Hercule, devenu prisonnier lui-même, eût mis à mort Busiris. Telle
est la scène que l'artiste a choisie dans cette peinture. Busiris est
sur son trône, vêtu avec un luxe barbare; devant lui, Hercule
chargé de liens, gardé & contenu par des esclaves; mais, d'un puis-
sant effort, le héros brise ses chaînes, lève sa redoutable massue
& s'apprête à étendre à ses pieds le tyran. Suivant Strabon, cette
fable n'aurait d'autre base que l'odieuse inhospitalité que les étran-
gers reprochaient aux Busirites, & Busiris serait la personnification
d'un peuple, d'une ville, & la fable du combat d'Hercule & de
Busiris serait le récit mythique des luttes des Grecs contre les
inhumains Busirites.

La peinture de la pl. 95 met en scène Bacchus & Comus, le
dieu de la bonne chère, de la joie & des danses nocturnes. Le

Peintures de vases
dits campana.
[Pl. 93, 94 et 95.]

satyre qui accompagne Bacchus porte sur ses épaules une outre vide & tient d'une main une torche enflammée, symbole des danses nocturnes. La comination (de Comus, suivant Philostrate) est finie, l'outre est vide; les bacchantes accourent aux accents de Comus se mêler aux satyres, & les danses vont commencer; fête dont l'artiste a voulu perpétuer le souvenir en peignant sur ce vase les figures des dieux qui l'avaient présidée.

Célébés (κελέβη).
[Pl. 96, 97, 98, 99 & 100.]

Les vases qu'offrent les pl. 96, 97 & 100, sont des espèces de cratères que les anciens appelaient *célébés* (κελέβη). On l'employait principalement pour le mélange du miel & de l'eau. Suivant Pamphile, la célébé était destinée aux boissons chaudes; dans ce cas elle devait avoir un couvercle. On distinguait deux sortes de célébé, celles à col assez élevé pour donner la juste mesure d'un mélange agréable d'eau & de vin, & celles à forme plus comprimée, presque dépourvue de col & par conséquent plus pesante. C'est principalement à Agrigente qu'on rencontre les beaux vases de la première forme.

La célébé de la pl. 96 doit être rangée parmi les vases mystiques, si l'on s'en rapporte à la scène que représente sa peinture, Vulcain ramené dans l'Olympe par Bacchus, merveilleuse histoire que nous a transmise Pausanias. Vulcain deux fois précipité du ciel, une fois par Jupiter, une autre fois par Héra, ou Junon, sa mère, voulut se venger de cette dernière. Il lui envoya un trône d'or qui renfermait des liens invisibles. A peine y fut-elle assise qu'elle se vit retenue sans pouvoir se dégager. Vulcain seul était en état de dissoudre ces nœuds qu'il avait formés; mais toutes les instances des dieux pour l'y déterminer furent vaines. Il fallut que Bacchus lui-même, en qui il avait confiance, l'enivrât pour le ramener au ciel. Tel est le sujet que le peintre a choisi pour orner son vase. Mythe auquel les anciens attachaient un sens moral, indépendamment du sens physique propre. En rapprochant Vulcain de Bacchus, les initiés établissaient une relation physique entre l'élément humide & brûlant tout à la fois, représenté par le dieu du vin & la chaleur, cet autre élément représenté par le dieu du feu; mais ces fils de Jupiter tous deux venus du ciel & y retournant leur apprenaient aussi que l'âme ou plutôt l'être doit tendre au retour de sa céleste patrie.

Les anses de la célébé pl. 97 sont ornées, à leur partie supérieure, de tête de Méduse, & rattachées aux flancs du vase par de belles têtes de cygne. Des quatre peintures qui couvrent ses contours, deux se rapportent à l'élément humide en représentant, par leurs sujets, Protée combattu par Ménélas, qui force le dieu marin à lui révéler l'avenir, & Dédale attachant les ailes à son fils Icare pour fuir de Crète où Minos les retenait prisonniers. Des deux autres peintures, l'une représente deux quadriges ; l'autre, Persée poursuivi par les Gorgones après qu'il eut tranché la tête de Méduse, & le corps de Méduse elle-même donnant naissance à Pégase. D'après l'ensemble de ces peintures, on peut admettre que cette riche célébé fut donnée en prix au vainqueur des courses dont le souvenir est rappelé par les quadriges.

De ce que l'artiste a représenté la naissance de Pégase sur un vase de prix, on ne saurait cependant conclure que les anciens aient attribué à Pégase le don de conduire les poëtes au Parnasse : c'est le Bojardo qui, interprétant ou plutôt confondant les traditions relatives à Bellérophon & à l'Hippocrène, a imaginé & popularisé cette conception toute moderne.

Sur la pl. 100 est représenté une célébé dont la forme & le dessin des anses sont dignes de remarque. Quant aux peintures que l'on voit sur son contour, l'une a pour sujet Jupiter servi par Hébé ; l'autre montre Bacchus prenant part à un festin au milieu de bacchantes & de satyres. Peut-être doit-on voir dans le rapprochement de ces deux sujets une allusion au rôle de créateur des choses qu'attribuaient à Bacchus certaines traditions admises par les initiés aux mystères de son culte.

En examinant attentivement ces peintures qui, du reste, sont fort belles, on reconnaît qu'en plusieurs endroits elles sont inache-

Célébés.
[Pl. 100 & 101.]

vées, & du sceptre de Jupiter & de la flûte d'une des bacchantes on n'aperçoit qu'un léger tracé au pointillé.

La célébé de la pl. 101 est en marbre. Sa forme est du plus beau style ; &, si le dessin des plis est encore archaïque dans les vêtements, les airs de tête & le mouvement du personnage du cortége de Bacchus font penser que ce vase remonte seulement aux premières années de la grande époque de l'art grec.

Les vases du nom de *prochoüs* servaient dans les usages domestiques pour puiser dans les cratères & verser aux convives ; ils n'avaient qu'une seule anse, tandis que ceux appelés *choüs* en avaient deux & ne servaient qu'à boire. Ces dénominations de choüs & de prochoüs sont souvent employées par les auteurs à désigner d'une manière générale toute espèce de vases destinés aux usages que nous venons de rappeler ; cependant les choüs, vases d'une grande capacité, n'étaient employés que dans les repas des fêtes publiques. Les scènes qu'on voit représentées dessus se rapportent ordinairement aux jeux du gymnase ou bien aux jeux des fêtes panathénaïques, ce qui a fait penser à plusieurs qu'ils étaient spécialement consacrés aux usages de ces fêtes. La peinture du prochoüs pl. 102 représente une scène de tir à l'arc.

Les prochoüs de la planche 103 pourraient, à cause des têtes qui terminent les attaches de leurs anses, être aussi bien rangés dans la famille des vases qu'on appelait *prosopoti,* sortes de vases ornés de masques où, selon Polémon, on plaçait les offrandes à la divinité. Les sujets des peintures de ces deux vases se composent chacun de deux personnages. L'un d'eux est une femme tenant dans ses mains divers objets de toilette, l'autre est un hermaphrodite ailé, sorte d'être hybride dont l'idée venue d'Asie, où elle symbolisait le dualisme des deux sexes réduits à une unité mystique, ne s'est introduite en Grèce que très-postérieurement à Homère. Ces peintures dont le sens réel ou symbolique paraît assez difficile à expliquer, donnent cependant à penser que ces vases devraient être classés parmi les vases mystiques.

Prochoüs.
[Pl. 101 & 103.]

Le vase fig. 1 pl. 104 est une hydrisque ou petite hydrie panathénaïque. Les hydries panathénaïques avaient la même destination que les amphores & les hydrisques étaient en usage pour les
fêtes comme les amphoridions, les bombylios & autres petits vases
où l'on enfermait tantôt des parfums, tantôt des odeurs ou des
huiles parfumées.

L'hydrie corinthienne, comme le montre celle de la fig. 3
pl. 104, est caractérisée par ses trois anses, dont deux sont placées
au milieu de la courbure de ses flancs. Ces vases s'appelaient aussi
calpis (κάλπις). Les vases de cette forme servaient à plusieurs usages :
ils étaient souvent donnés en prix aux vainqueurs des jeux dans la
fête de Minerve. Plus souvent ils étaient destinés à contenir des
parfums & faisaient partie de la classe si nombreuse des vases à
l'usage de la toilette des Vénus grecques ; aussi faisaient-ils presque
toujours partie des cadeaux de noce envoyés à la fiancée. Enfin
dans les usages funéraires, nous retrouverons l'emploi fréquent des
calpis noires pour les tombeaux.

C'était, apprend Aristophane, un devoir sacré pour les Grecs
de mettre auprès des morts, en les ensevelissant, une couronne &
des lécythos. Les lécythos entrent donc dans la catégorie des vases
funéraires ; mais ils servaient aussi dans l'usage habituel de la vie,
& nous trouvons cette appellation pour désigner divers vases à parfums tels que l'alabastron, le prochoüs, l'olpé. Le vase fig. 1 pl.
105 est un alabastron de même forme que ceux appelés lécythos
& qu'on trouve fréquemment dans les tombeaux.

D'après les ornements qui terminent les anses du canthare,
pl. 105 fig. 3, on peut ranger ce vase dans la famille des prosopoti.

Les peintures qui décorent ces deux derniers vases ont rapport à des jeux des fêtes panathénaïques.

La pl. 106 représente un vase de la famille des nestoris.

Voici ce que rapporte sur les vases de cette famille M. Panofka, dans ses remarquables recherches sur les véritables noms

Hydrie panathénaïque.
[Pl. 104, fig. 1.]

Hydrie corinthienne.
[Pl. 104, fig. 3.]

Lécythos, alabastron.
[Pl. 105, fig. 1.]

Cantharos prosopotos.
[Pl. 105, fig. 3.]

Nestoris (νεστορίς).
[Pl. 106.]

des vases grecs, ouvrage que l'on doit considérer comme le meilleur guide qui ait paru jusqu'à présent sur les vases anciens.

Homère, en parlant du vase dont se servit Nestor, le décrit comme un fort beau dépas, garni de clous dorés & de quatre anses, sur lesquelles l'artiste avait ciselé des colombes ou des pléiades; un double fond distinguait ce vase, & il devait avoir une dimension considérable, puisque Nestor seul pouvait le soulever. Denys de Thrace, qui restitua ce monument à Rhodes aux frais de ses élèves, avait sur les deux *fonds* une idée assez heureuse. Il imaginait que l'un d'eux qui supportait tout le poids du vase, avait une périphérie assez grande, à peu près comme celle des pithos, & surmontée d'une élévation symétrique. Venait ensuite un autre fond d'une périphérie plus petite, qui était contenu dans la grande périphérie du premier, de sorte qu'il paraissait y descendre en se terminant en pointe. Quant aux anses, il supposait que la nestoris en avait deux en haut comme plusieurs autres vases, & deux plus petites au milieu de la courbure des deux côtés, comme les hydries corinthiennes.

D'autres artistes grecs conçurent un projet de restitution tout à fait différent de celui de Denys de Thrace. Ils observaient avec raison qu'il y a des vases qui n'ont qu'un seul fond naturel lié à l'ensemble du monument, par exemple le cymbion, la phiale, & les vases de ce genre; tandis que les autres en ont deux, comme l'ooscyphion, le cantharos, le sélémis, le carchésion & ceux qui leur ressemblent; dans ce dernier cas, l'un des deux fonds est adhérent par sa courbure à l'ensemble des deux vases, l'autre est ajouté, commence en pointe & s'élargit vers la base pour servir de support au vase. C'était là le dépas de Nestor; suivant eux, avec une pareille forme de vase, on doit adopter aussi une autre disposition pour les anses. Voici celle qui fut proposée par Apelles. Des bâtons fendus, peu éloignés l'un de l'autre, s'élèvent des deux côtés à la place de chaque anse, sortant d'une racine commune & adhérente au fond du vase. Ils montent encore un peu plus haut que l'embou-

chure même du vase, & restent toujours séparés autant qu'ils s'en
éloignent. Là où ils se rapprochent & retombent vers l'embouchure
du vase qui doit les supporter, on les voit tendre à se réunir encore.
C'est ainsi qu'il faut entendre la formation des quatre anses, qui,
disposées de cette manière, ne se trouvent que dans quelques
vases choisis; tandis que les vases de forme semblable à celle
qu'offre la première restitution, sont fréquemment rencontrés dans
les tombeaux. En comparant la première restitution dont parle
M. Panofka, avec le dessin du vase pl. 104, on remarque que sa
description s'y applique complétement, & bien que nous penchions
plutôt vers la seconde restitution pour nous figurer ce que pouvait
être le dépas de Nestor, nous avons pensé qu'il y avait lieu de
ranger ce vase dans la famille des nestoris.

FIN DU PREMIER VOLUME.

TABLE DES MATIÈRES.

LIVRE PREMIER.

CULTE ET SACRIFICES CHEZ LES ROMAINS.

LIVRE DEUXIÈME.

MOBILIER ET USTENSILES DE MAISON.

CHAPITRE PREMIER.

CHAPITRE II.

LIVRE TROISIÈME.

USTENSILES DE TABLE.

LIVRE QUATRIÈME.

VASES D'ORNEMENT.

PARIS. — J. CLAYE, IMPRIMEUR, RUE SAINT-BENOIT, 7.

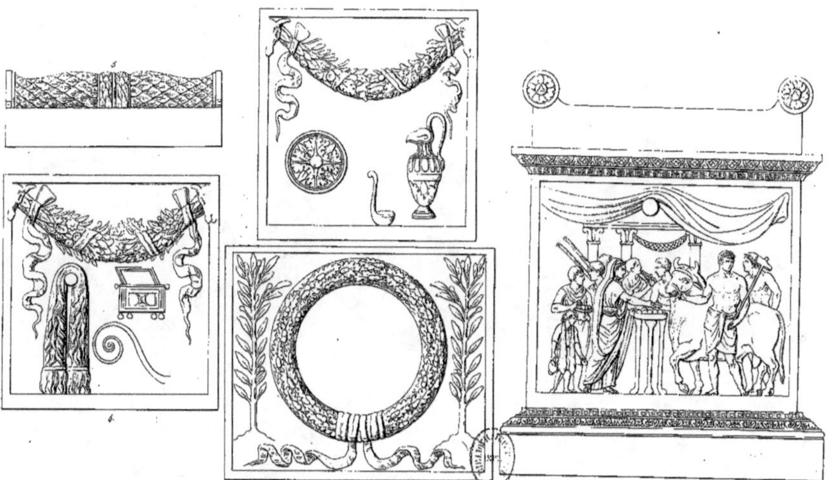

AVTEL EN MARBRE DE PAROS

Imp. Lemercier & Cie

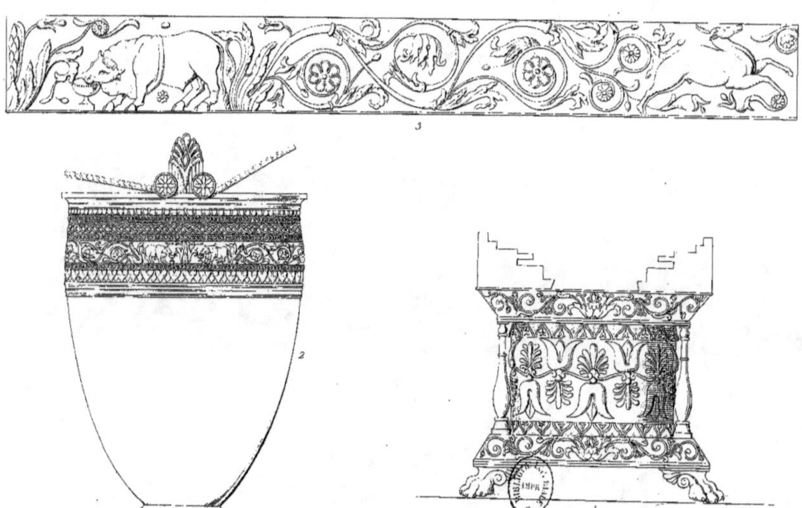

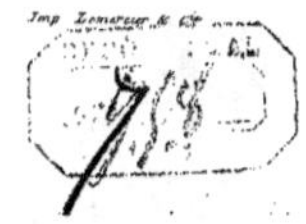

AVTEL ET SEAV POVR LES SACRIFICES EN BRONZE

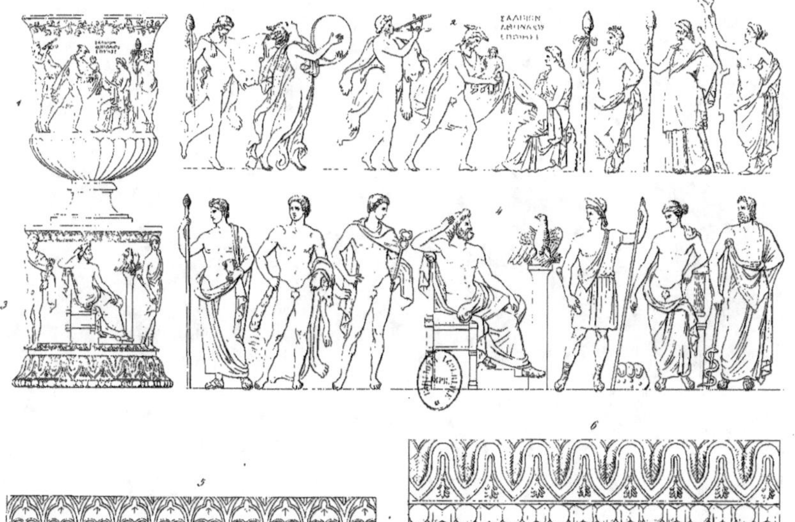

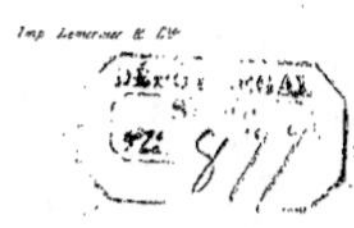

PVTEAL ET CRATERE EN MARBRE DE PAROS

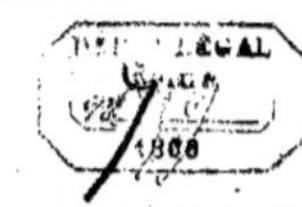

TRÉPIED EN BRONZE — PLAN — DÉTAILS

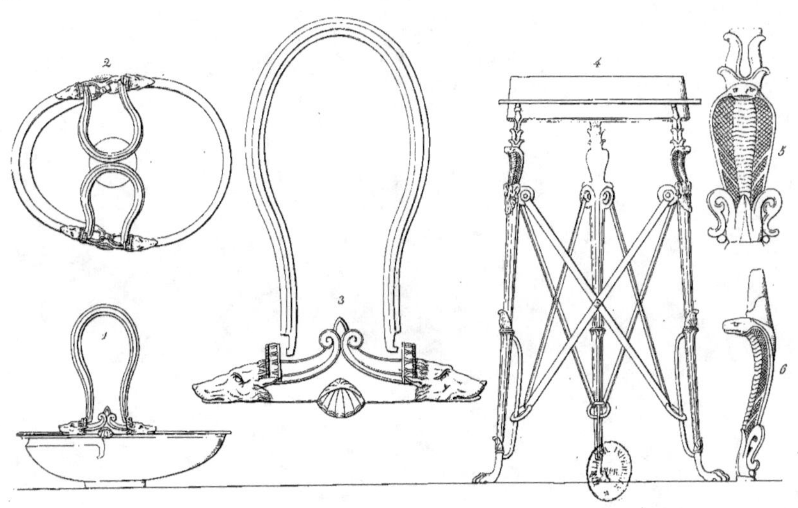

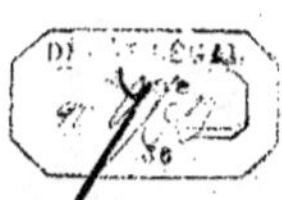

VASE ET TRÉPIED EN BRONZE

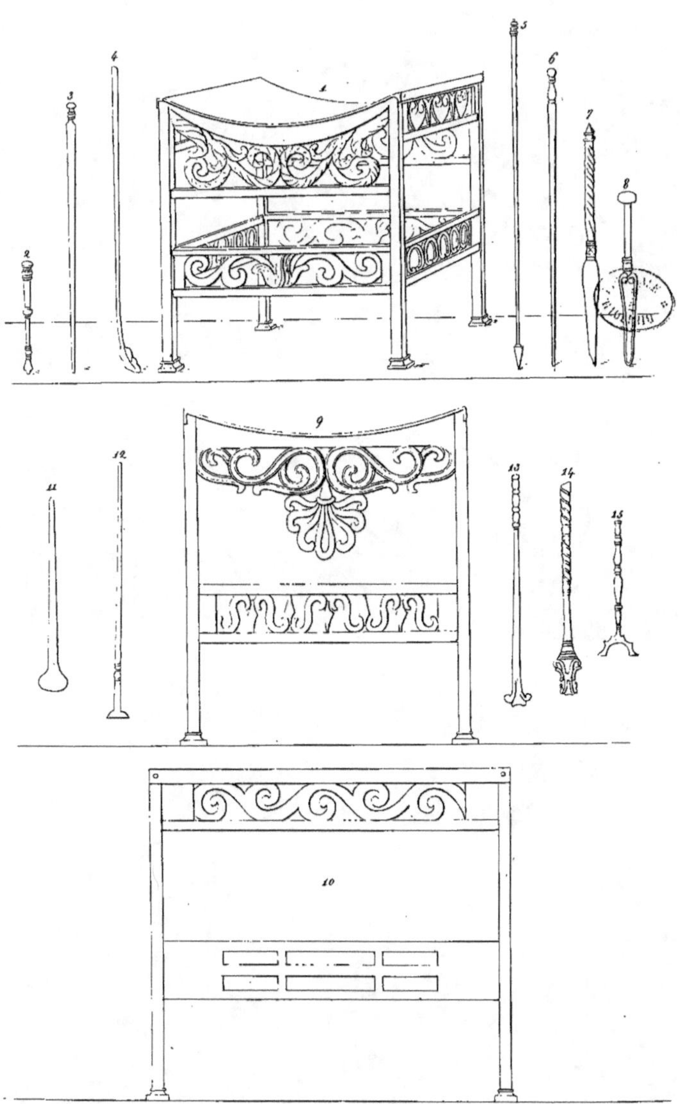

TABLES ET INSTRVMENTS EN BRONZE POVR LES SACRIFICES

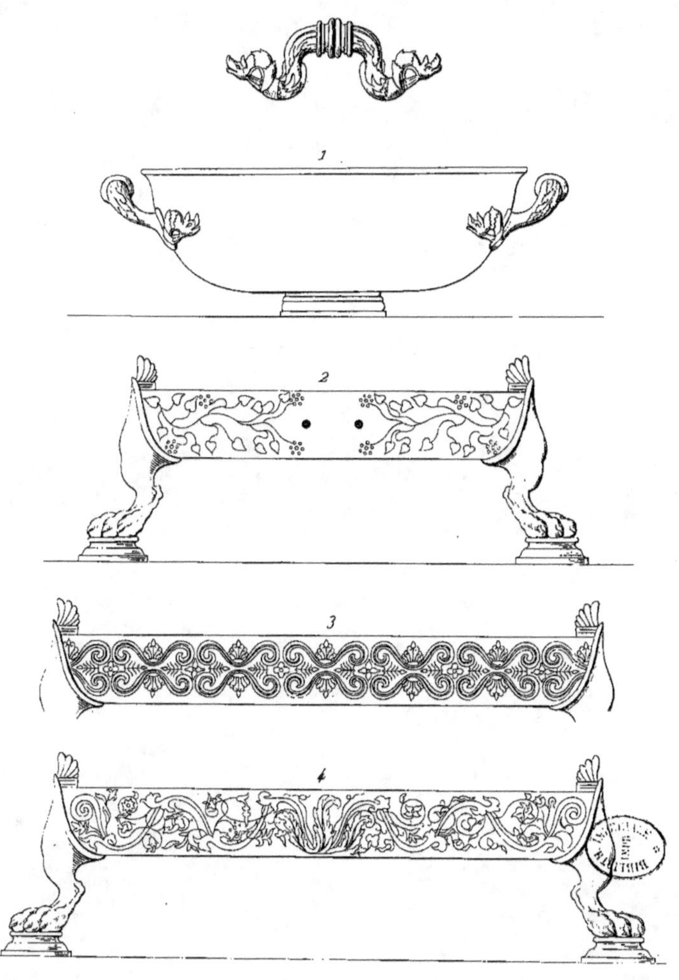

PLAT CREUX ET BRASIERS EN BRONZE

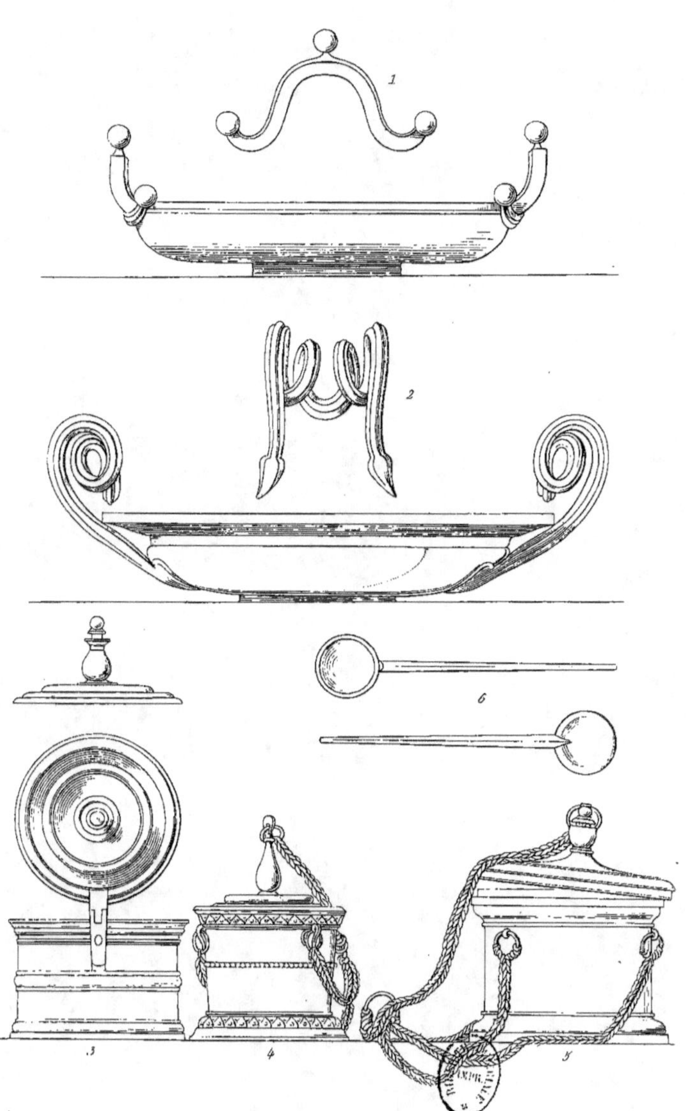

PLATS, BOÎTES À ENCENS ET ENCENSOIRS EN BRONZE

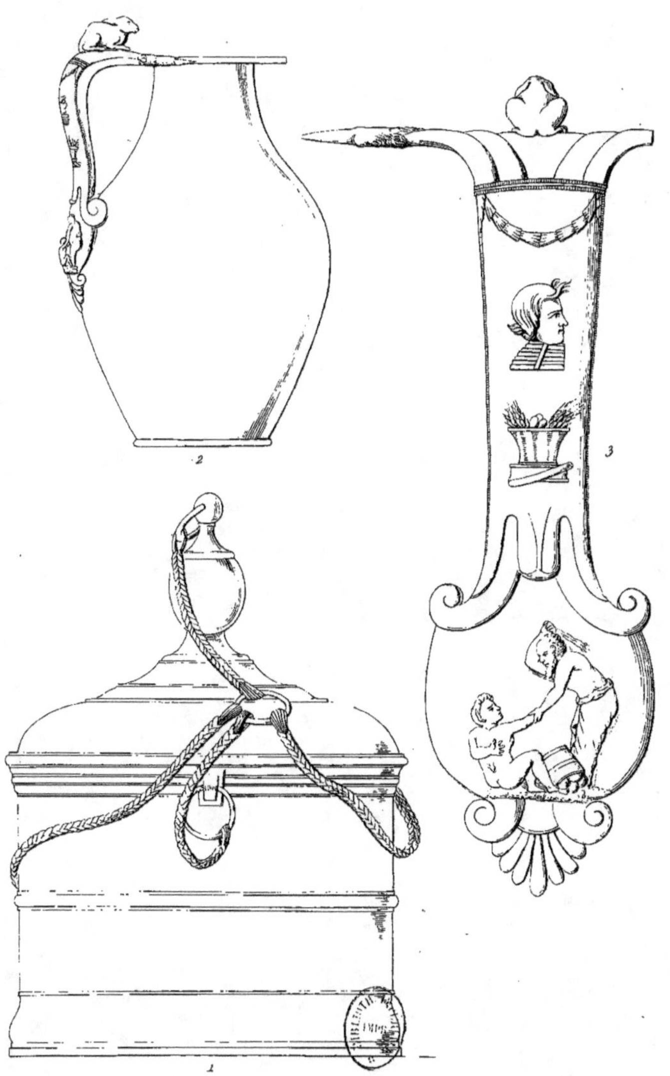

BOITE À ENCENS ET VASE EN BRONZE

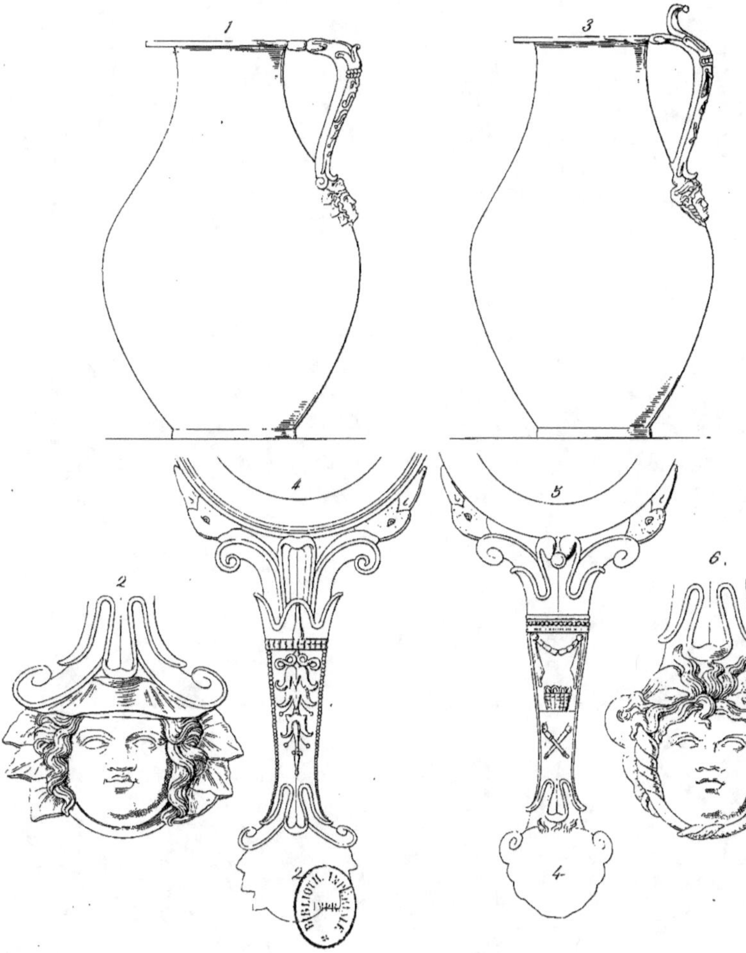

1

3

4

5

2

6

4

VASES EN BRONZE

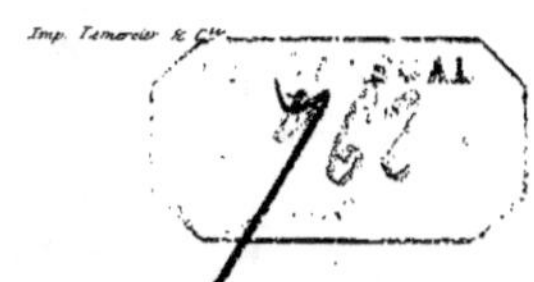

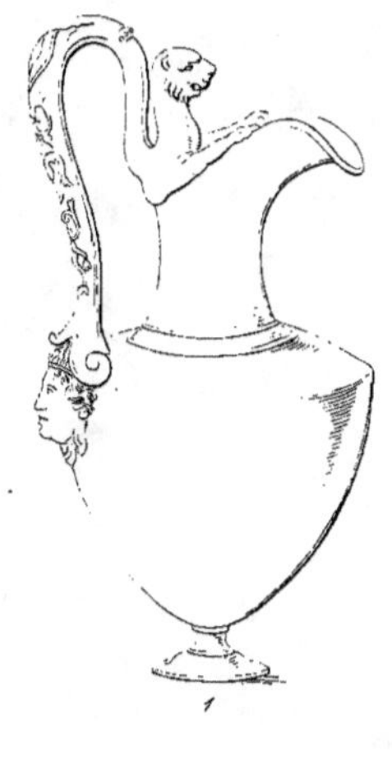

1

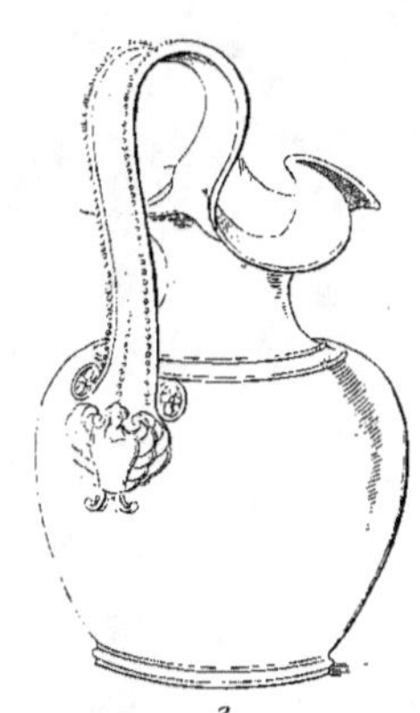

2

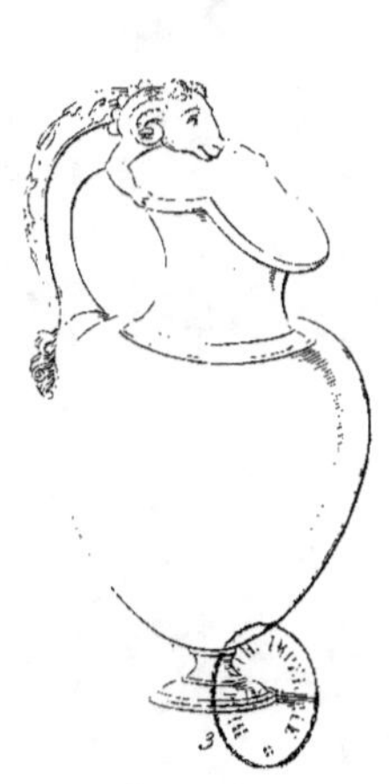

3

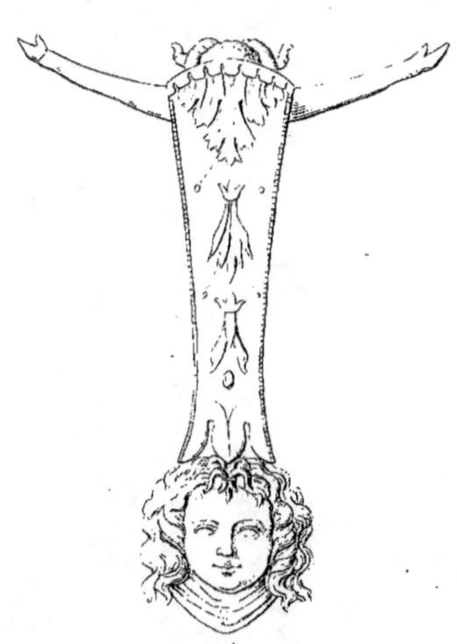

4

VASES EN BRONZE

Imp. Lemercier, Paris

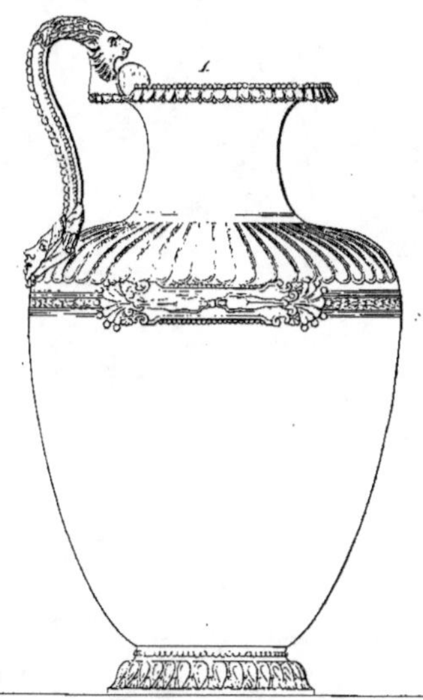

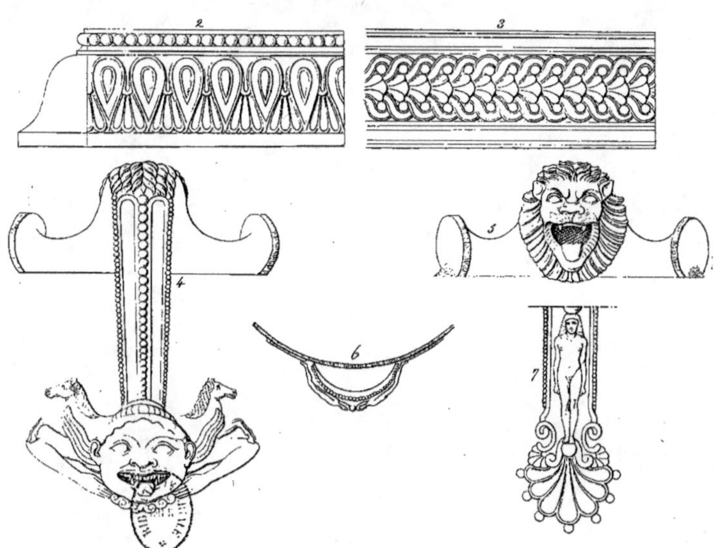

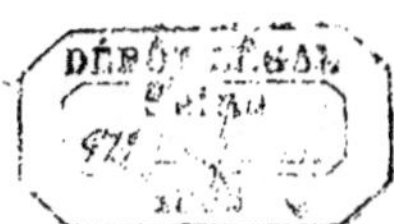

VASE EN BRONZE

Imp. Lemercier. Paris.

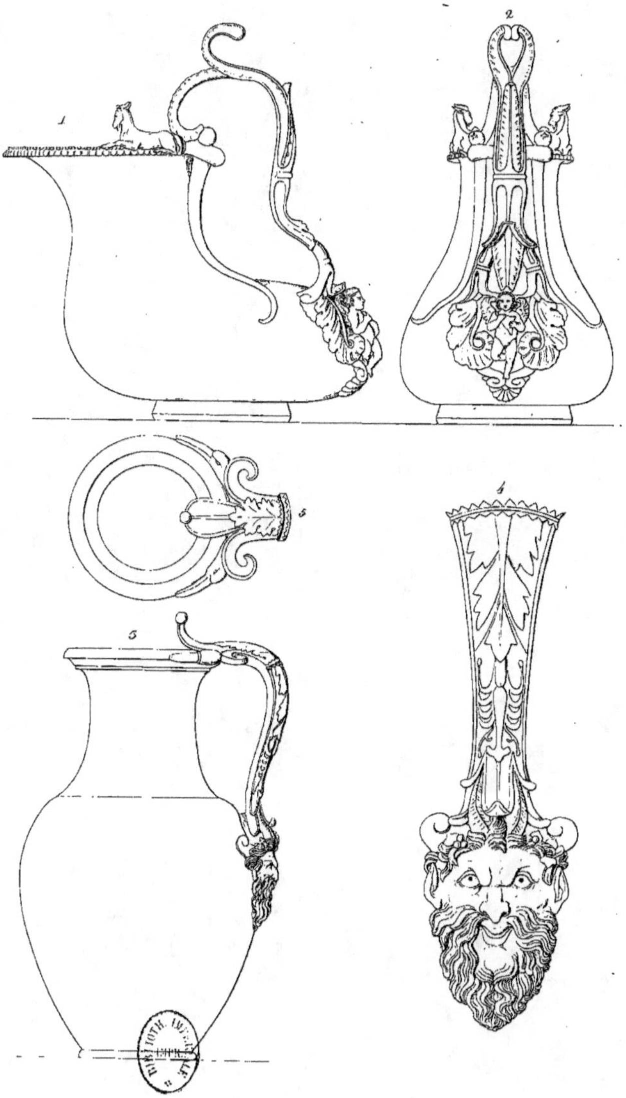

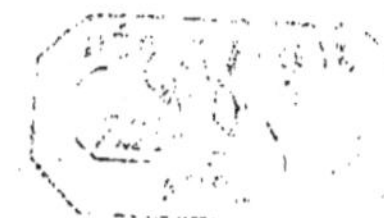

VASES EN BRONZE

Imp. Lemercier — Paris

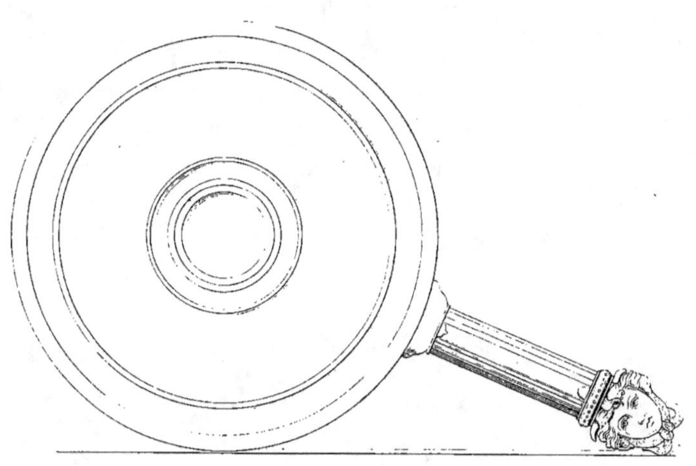

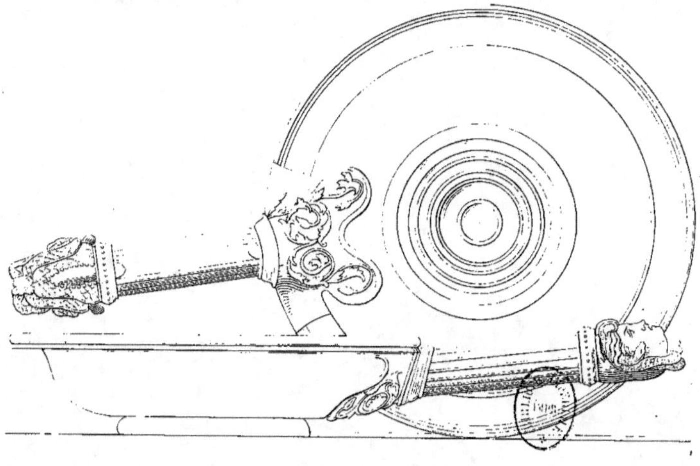

PATÈRE EN BRONZE

Imp. Lemercier, Paris

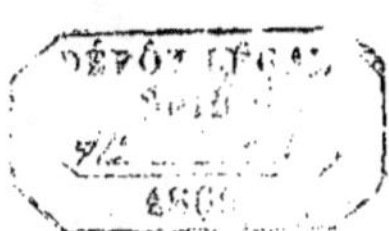

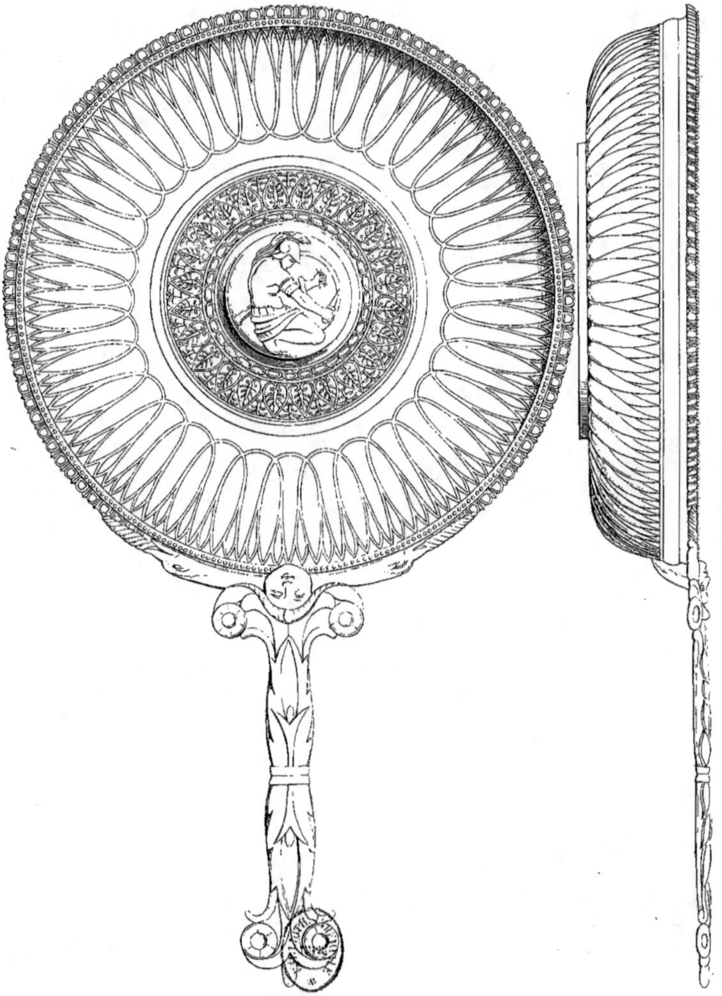

PATÈRE EN BRONZE

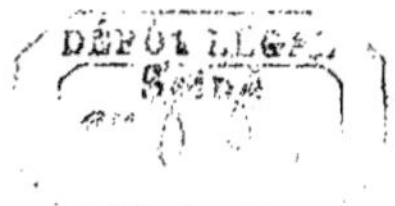

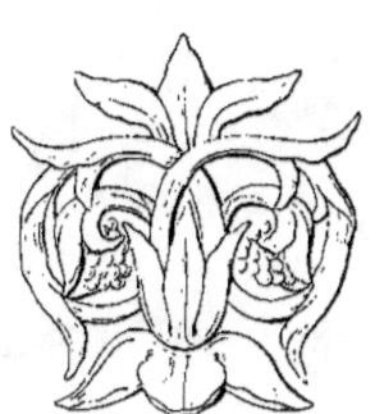

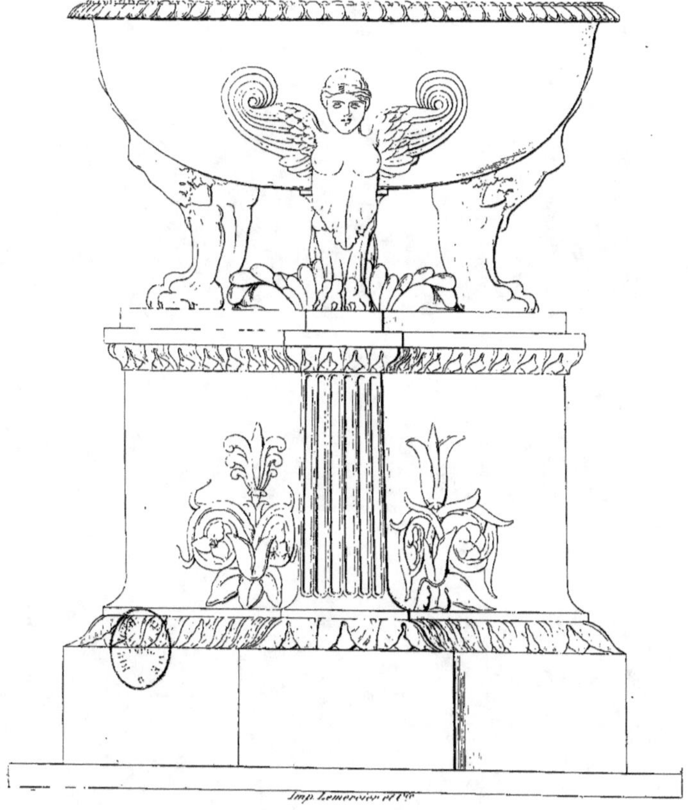

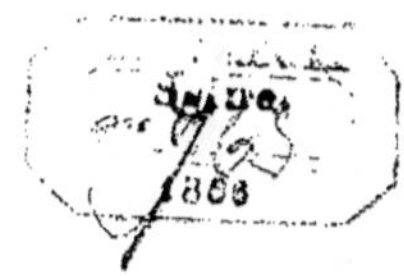

VASQUE DE MARBRE.

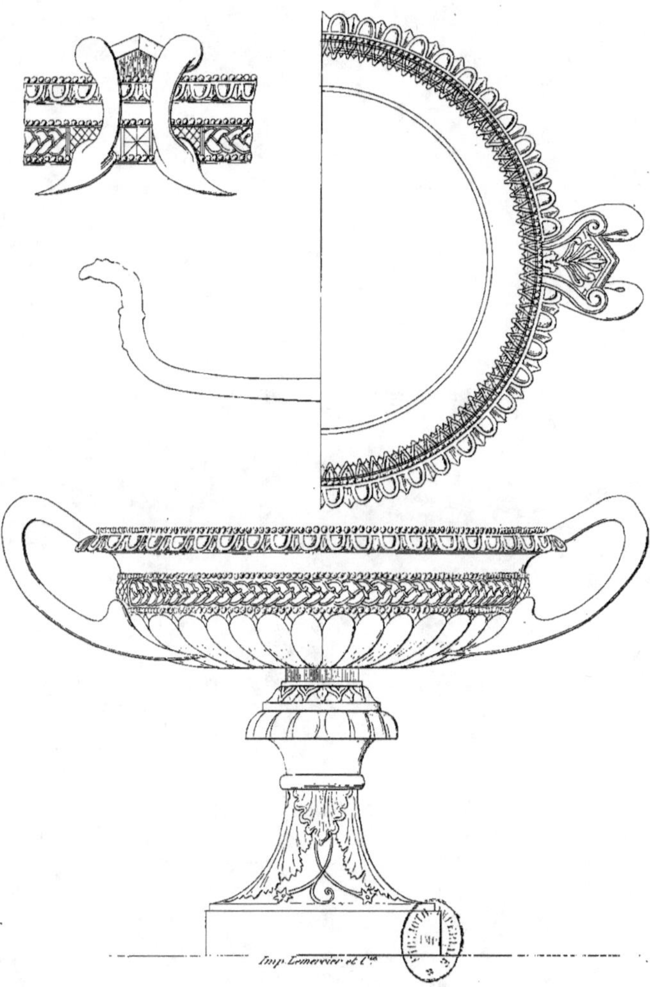

CRATÈRE EN MARBRE.

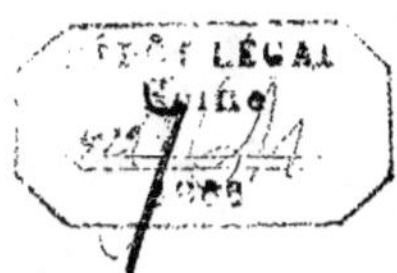

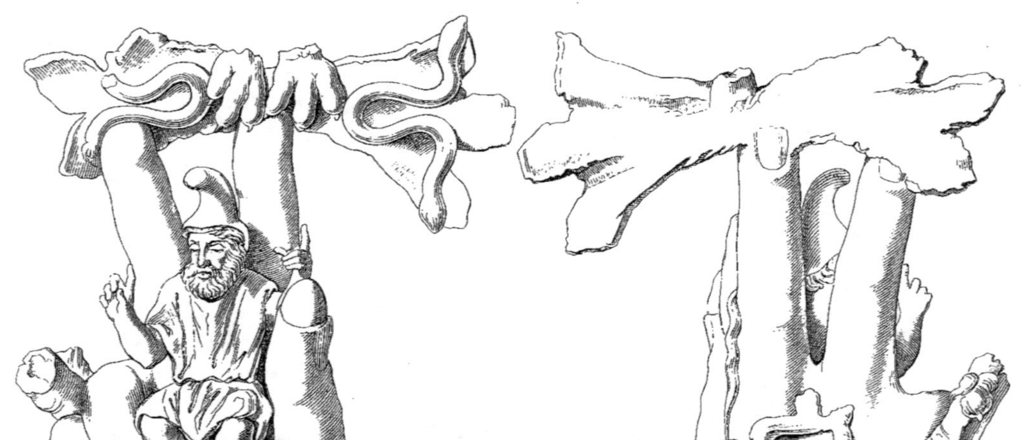

Chefs-d'œuvre de l'art antique. V. 1.

PL. 18–19.

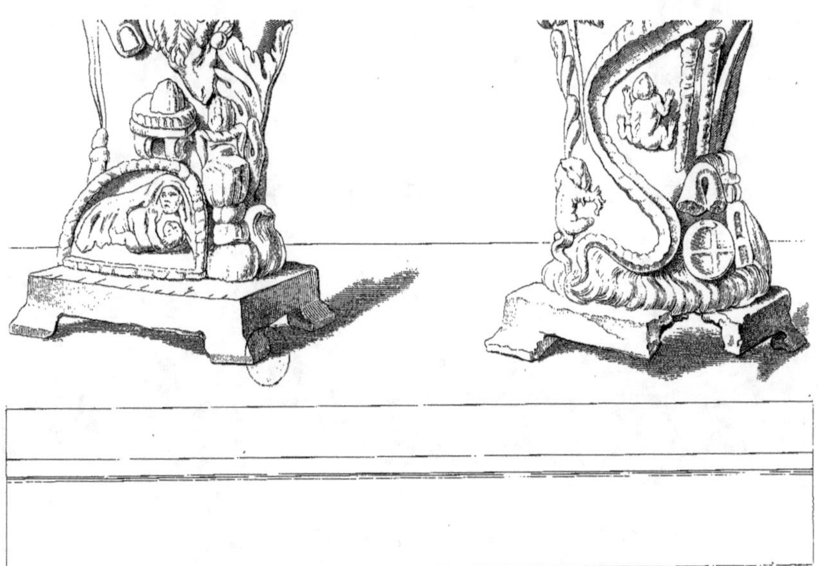

MAIN VOTIVE.

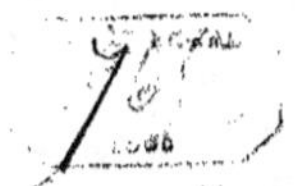

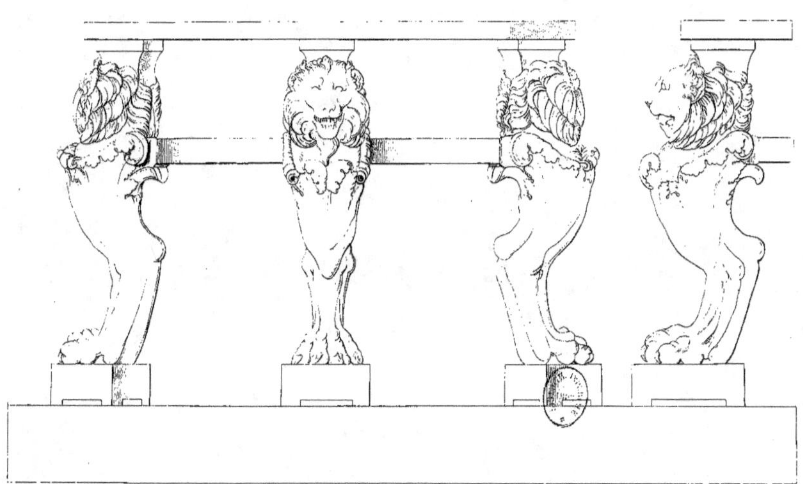

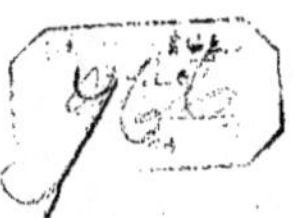

TABLE EN MARBRE

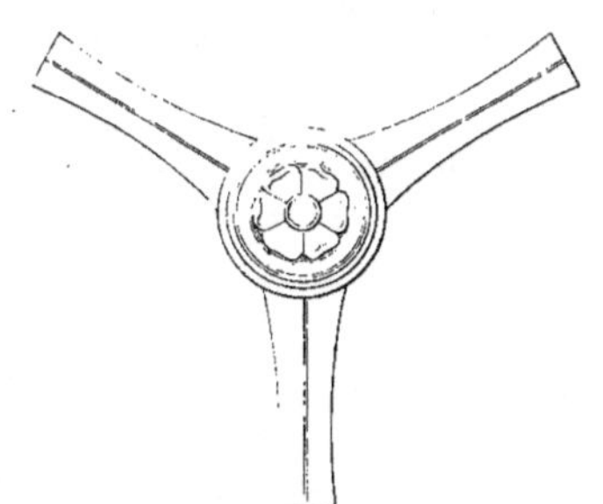

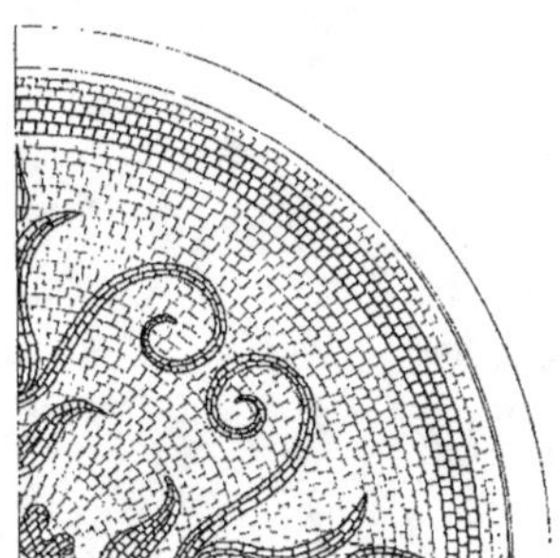

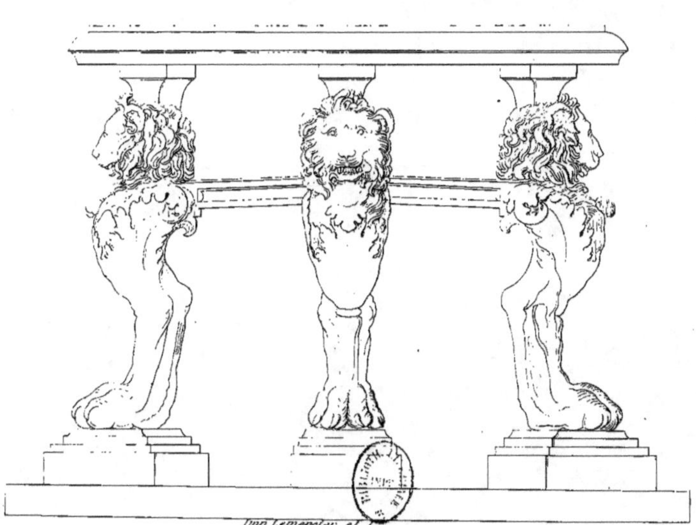

TABLE EN MARBRE

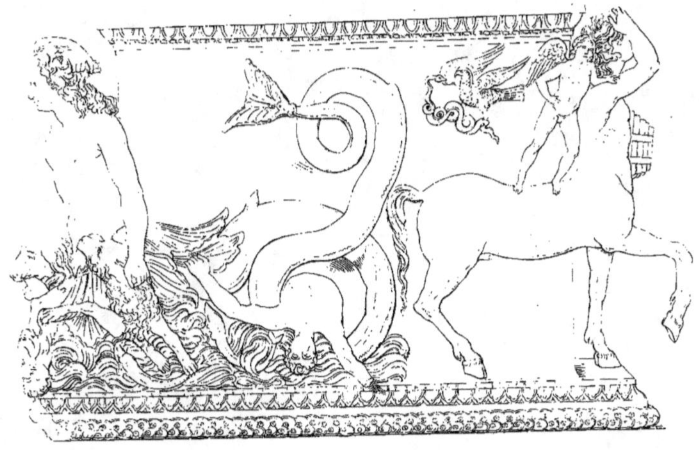

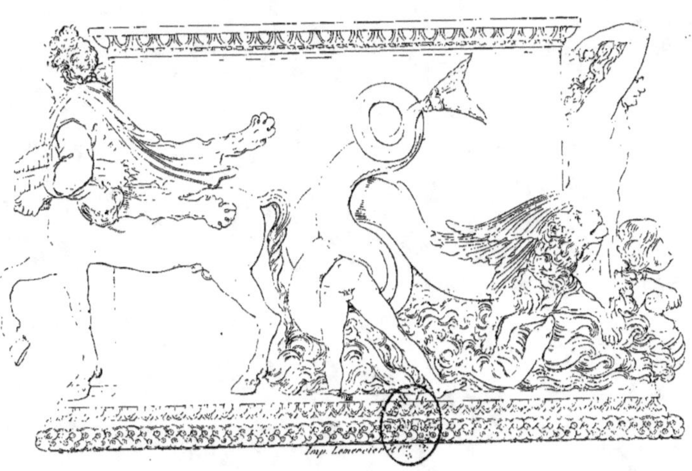

PIED DE TABLE EN MARBRE

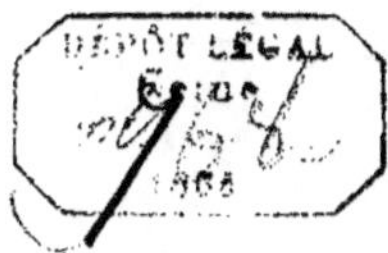

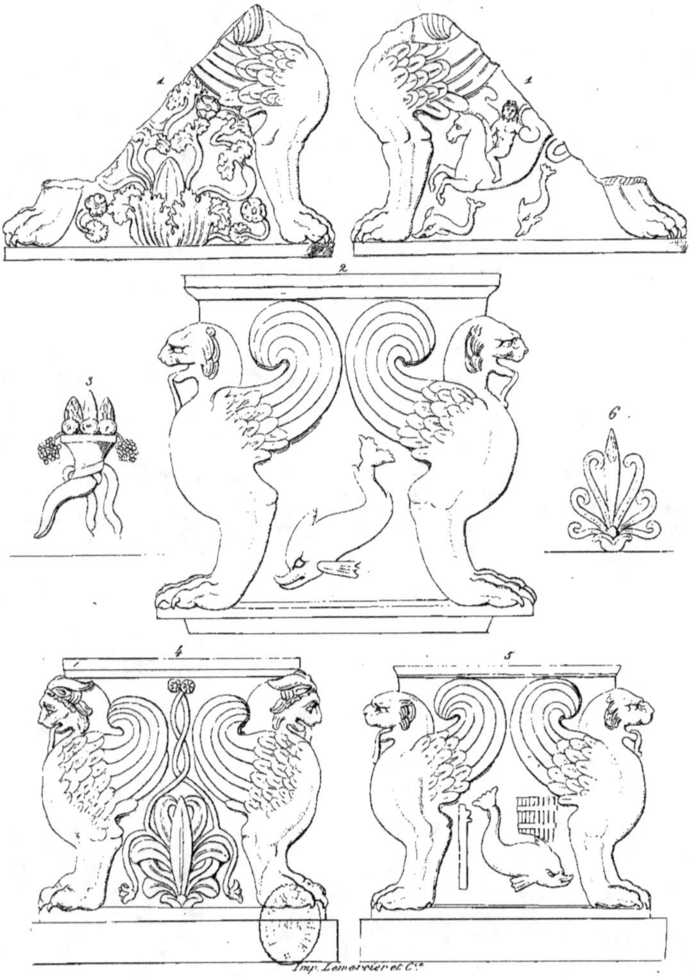

PIEDS DE TABLE EN MARBRE.

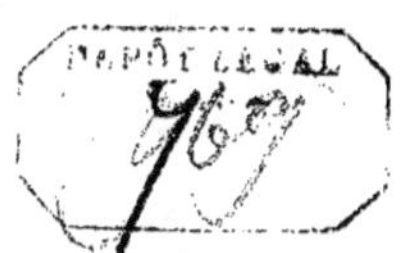

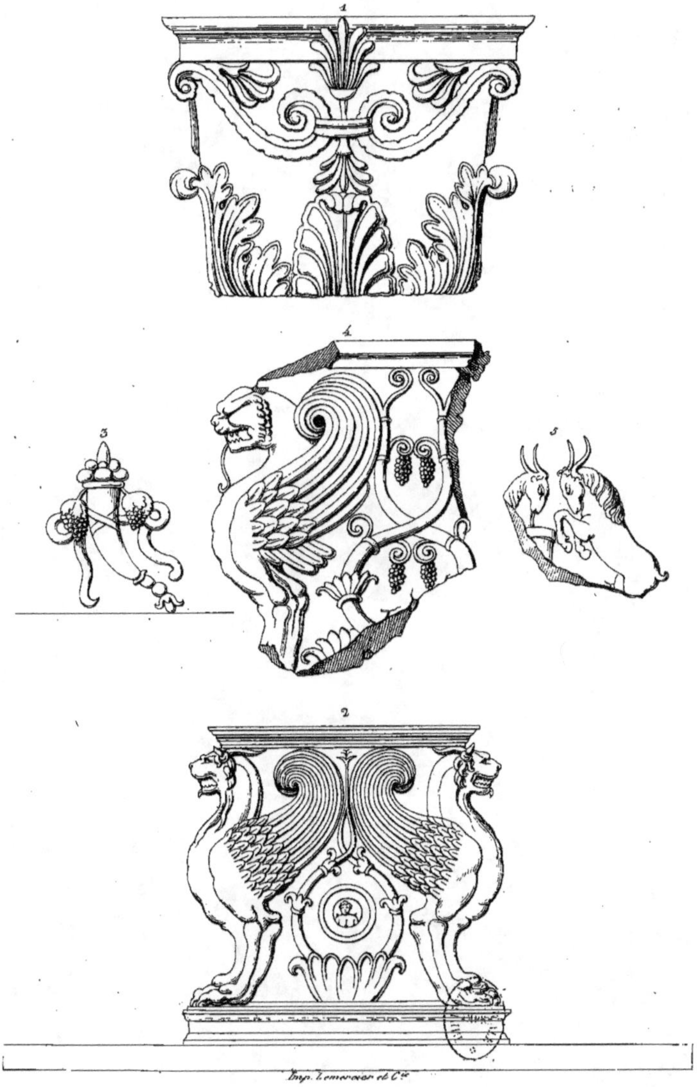

PIEDS DE TABLE ET DIVERS FRAGMENTS.

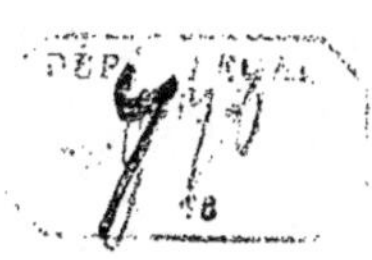

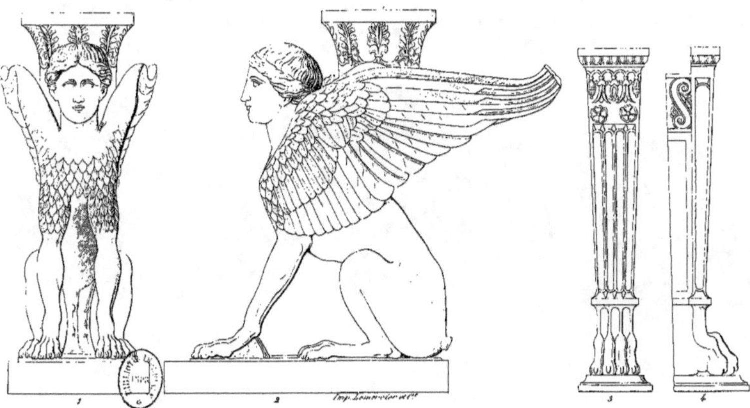

PIED DE TABLE ET SPHINX.

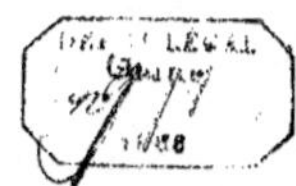

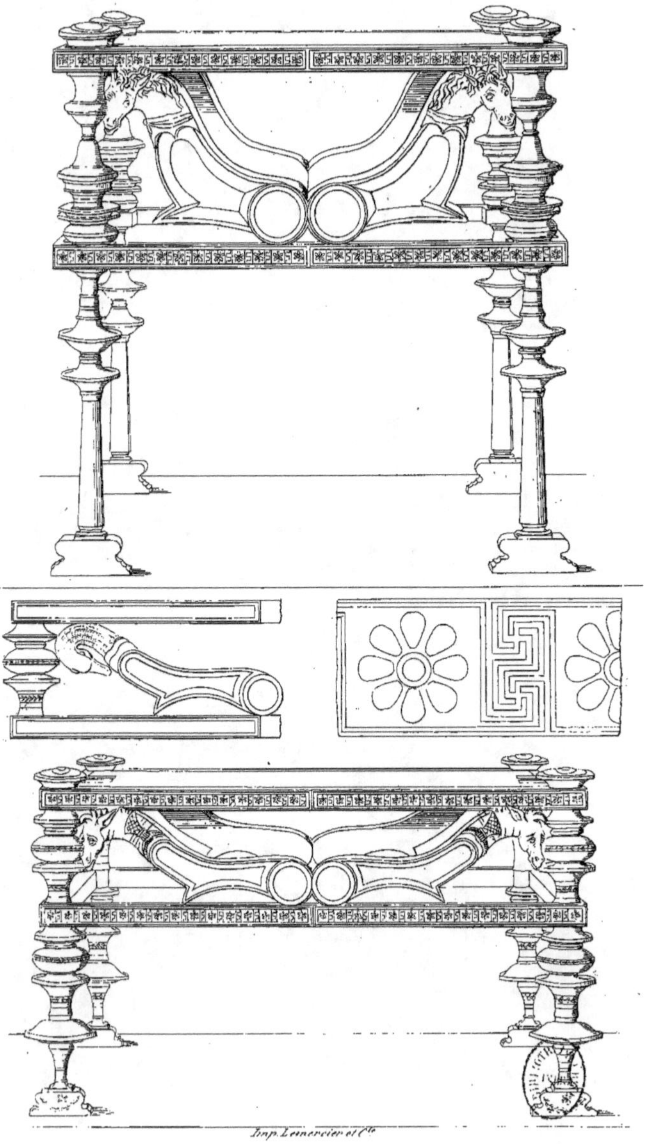

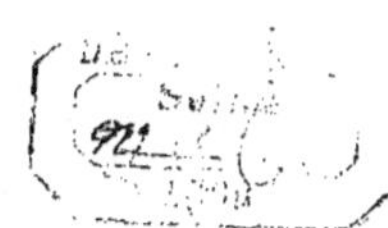

SIÉGE D'HONNEUR EN BRONZE.

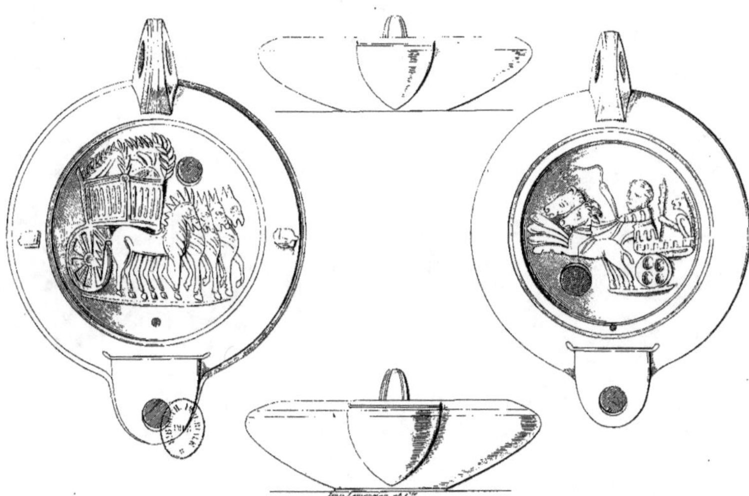

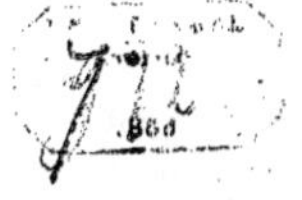

LAMPES EN TERRE CUITE.

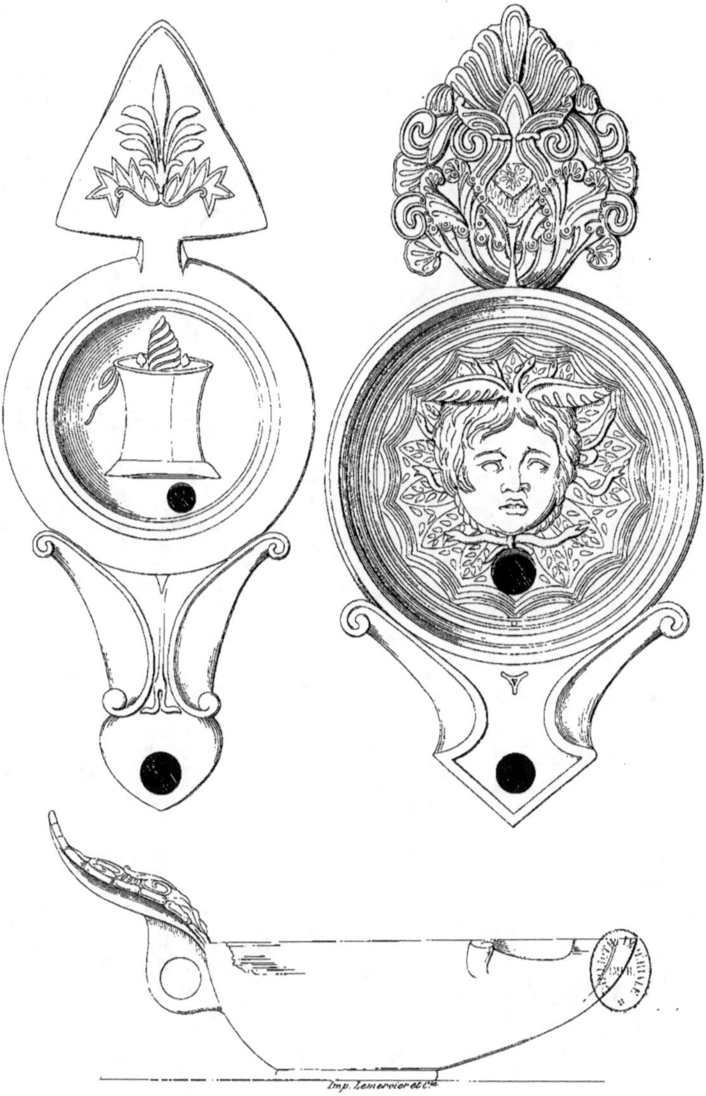

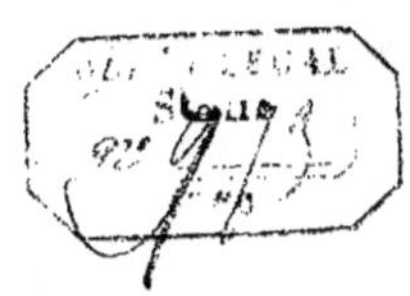

Imp. Lemercier et Cie.

LAMPES EN TERRE CUITE.

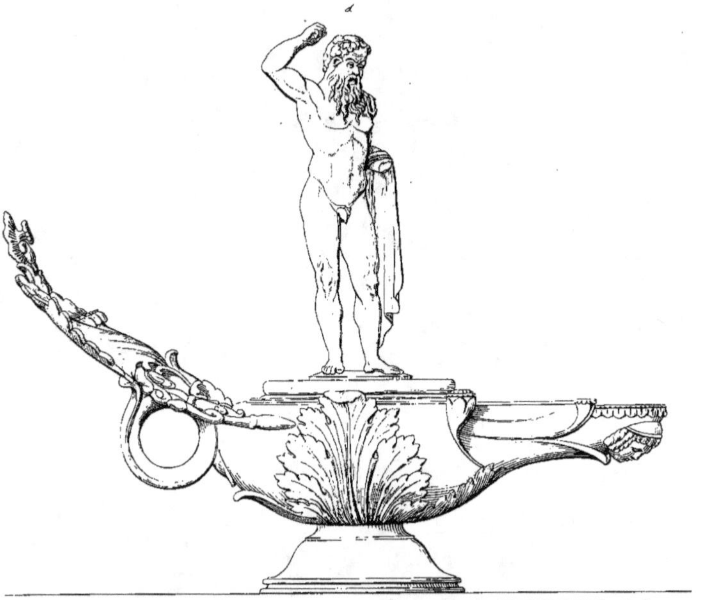

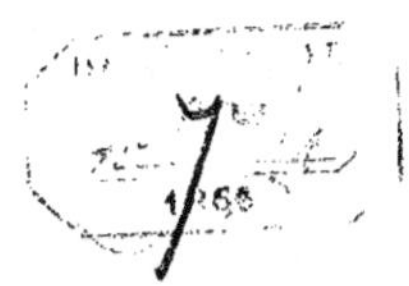

LAMPE À DEUX MÈCHES EN BRONZE.

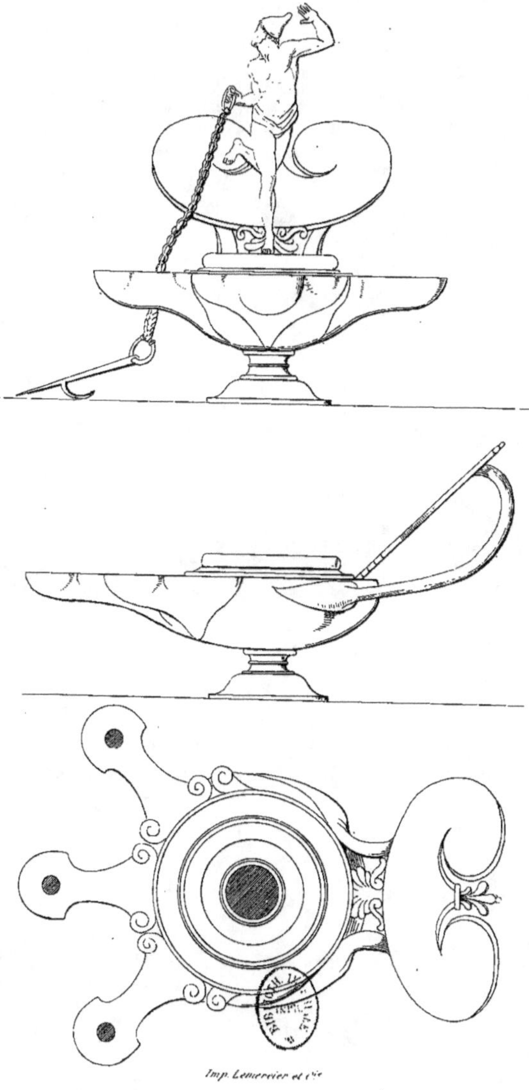

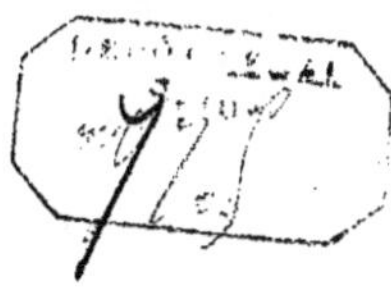

Imp. Lemercier et Cie

LAMPE À PLUSIEURS MÈCHES.

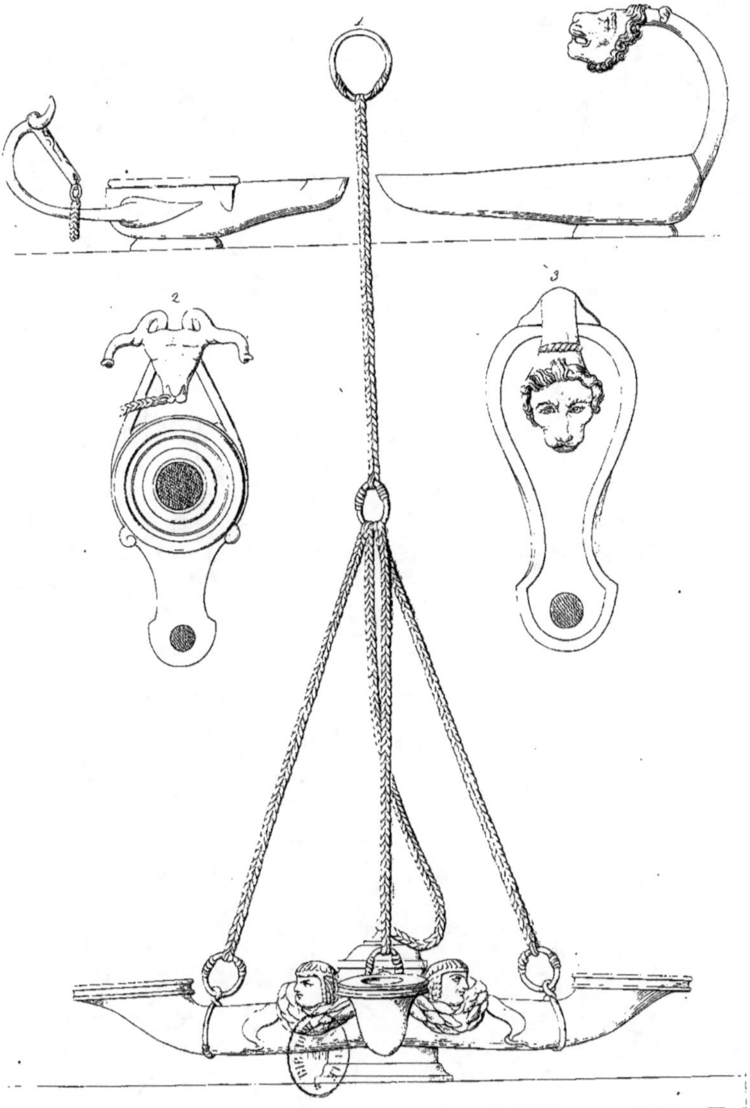

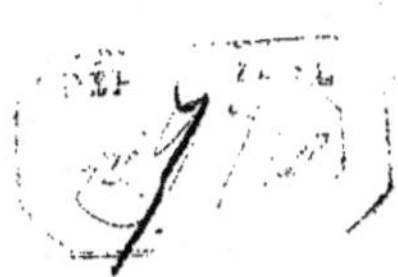

LAMPES EN BRONZE.

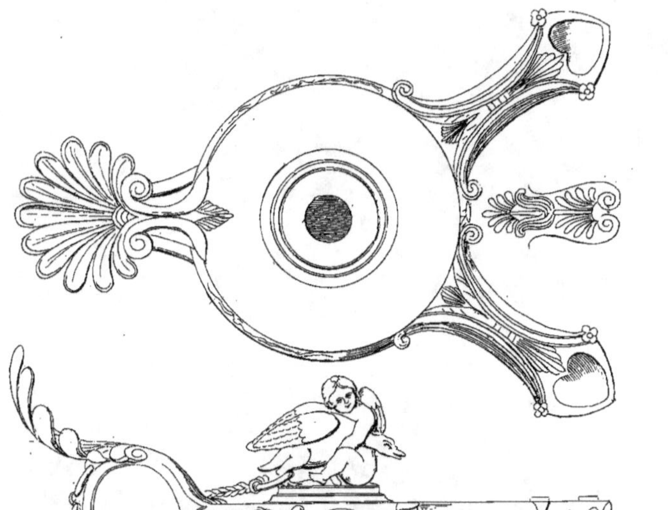

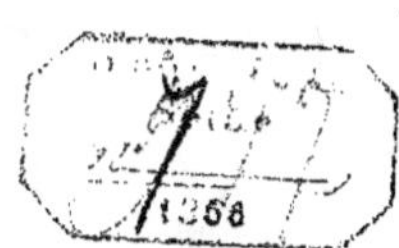

Imp. Lemercier et C.ⁱᵉ

LAMPE SUR CANDÉLABRE EN BRONZE

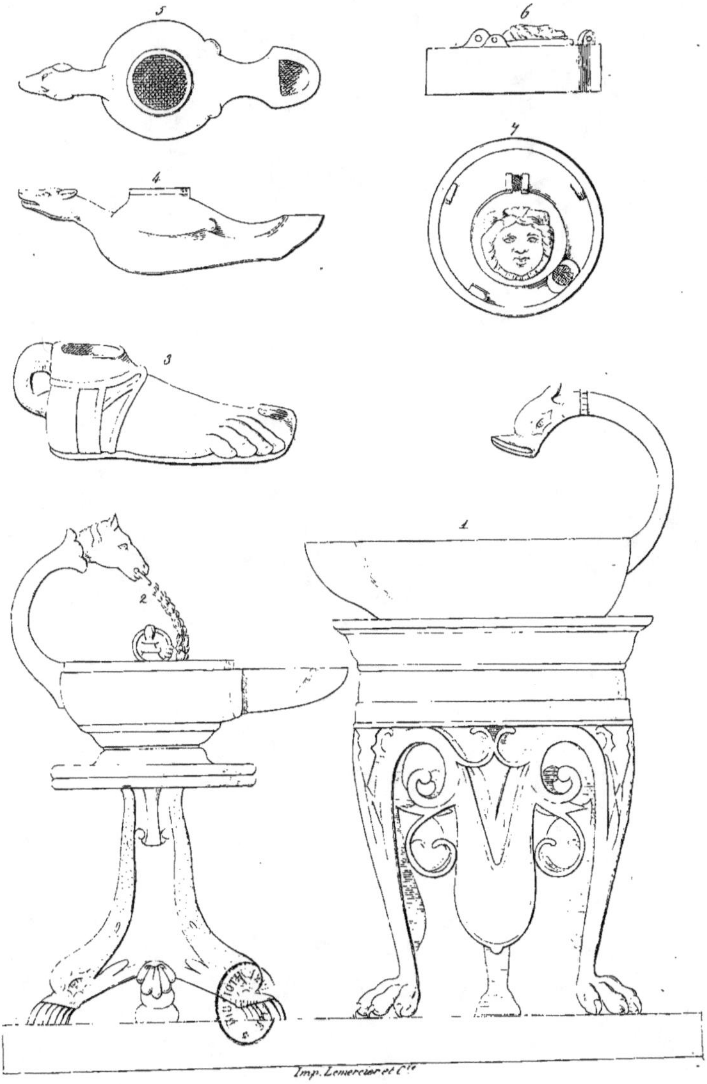

LAMPES ET CANDELABRES EN BRONZE.

Imp. Lemercier et Cie

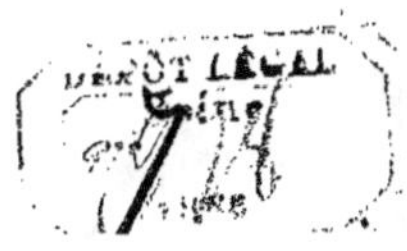

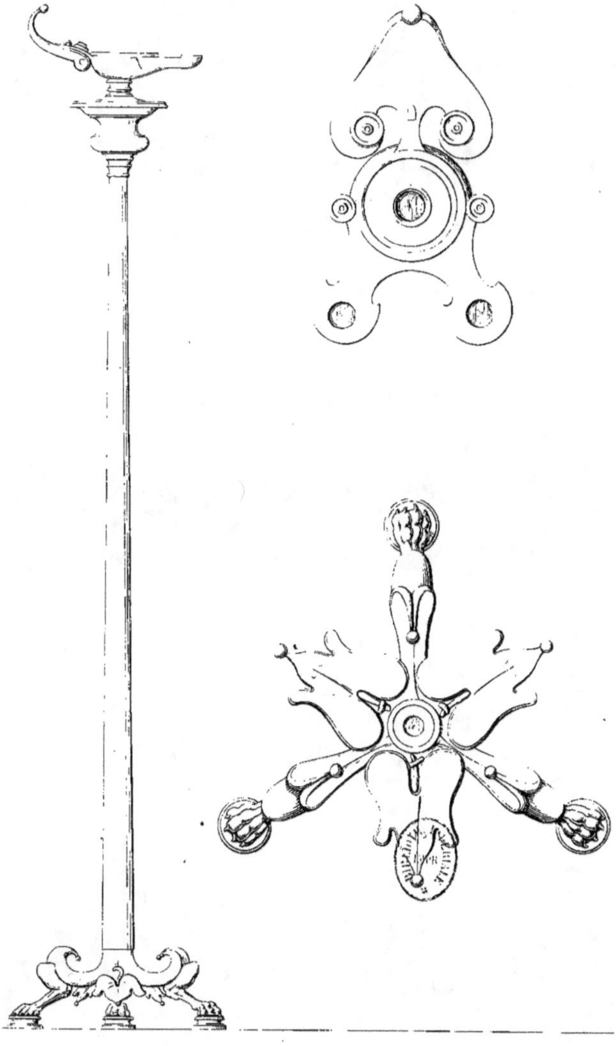

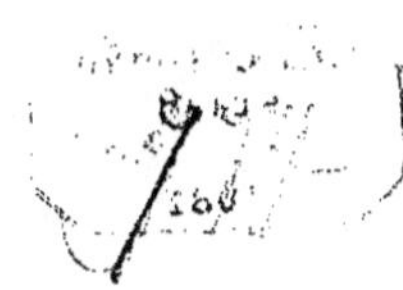

CANDELABRE EN BRONZE.

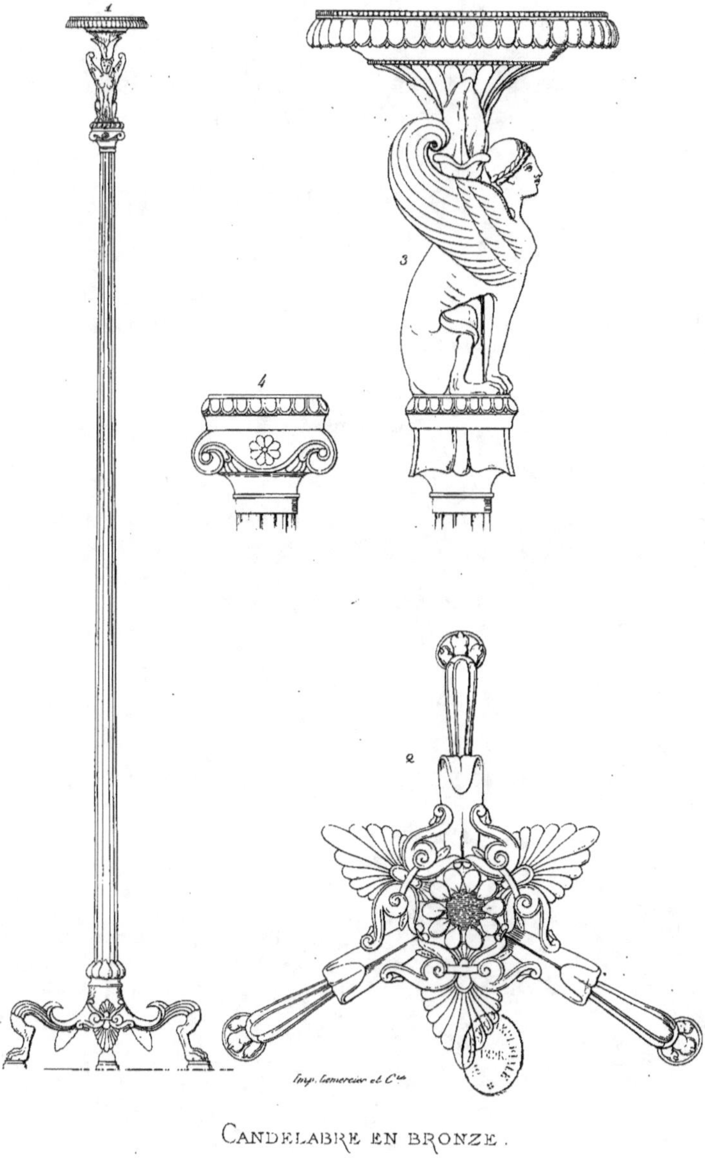

CANDELABRE EN BRONZE.

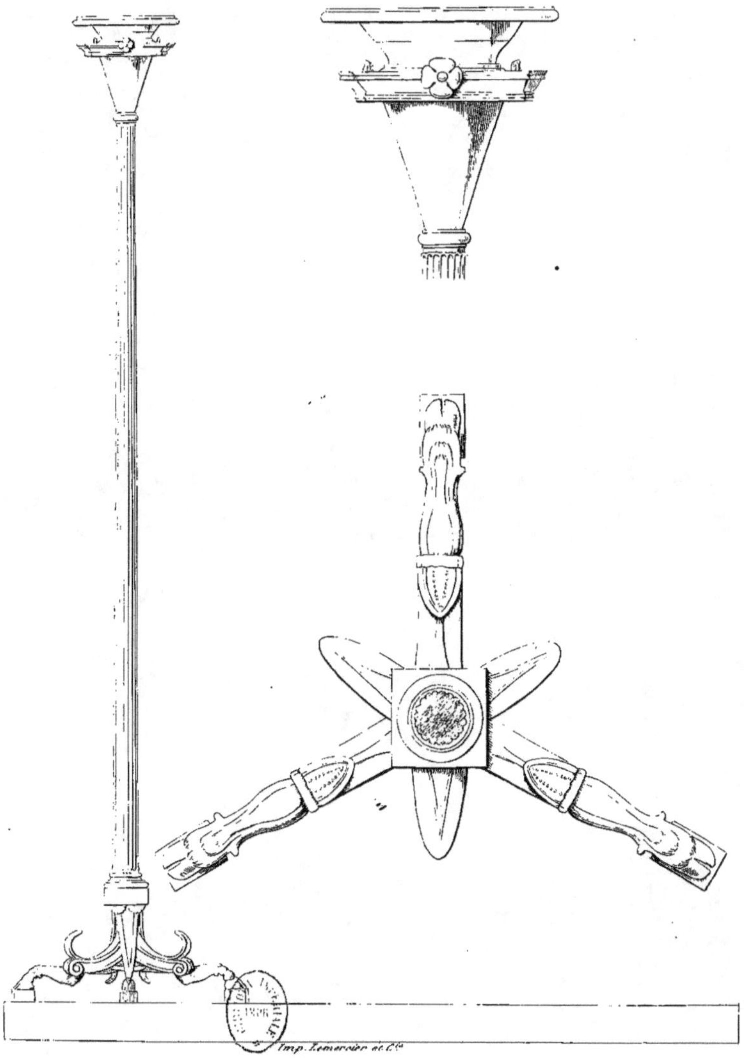

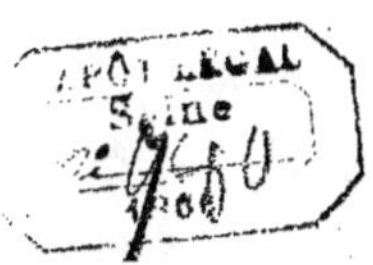

Imp. Lemercier et Cⁱᵉ.

CANDELABRE EN BRONZE.

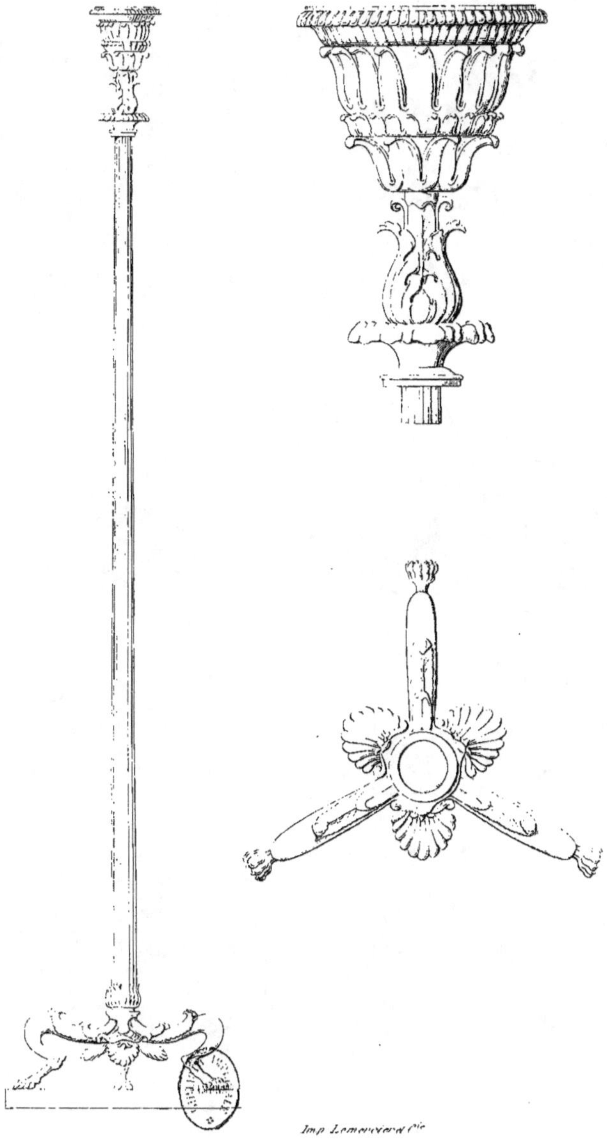

Imp. Lemercier et Cie.

CANDELABRE EN BRONZE.

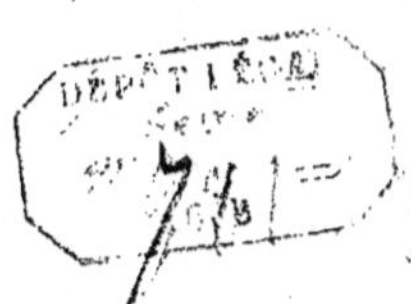

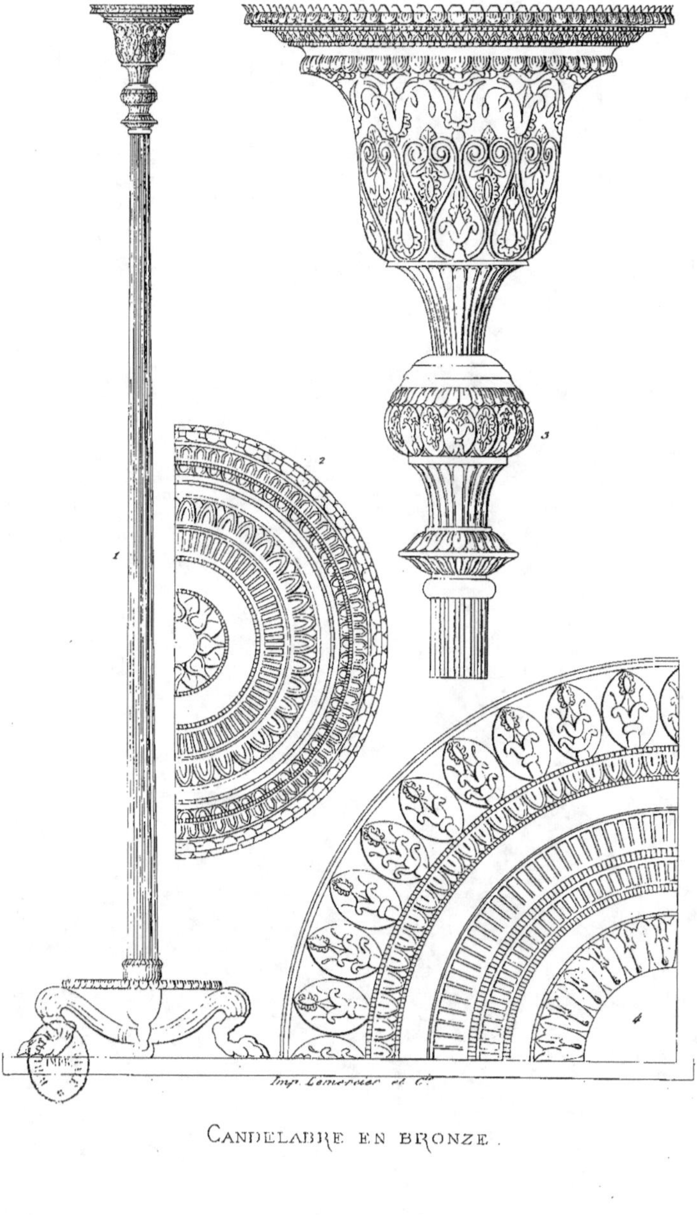

CANDELABRE EN BRONZE.

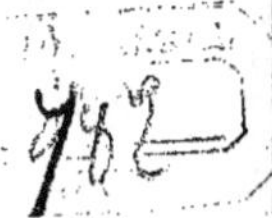

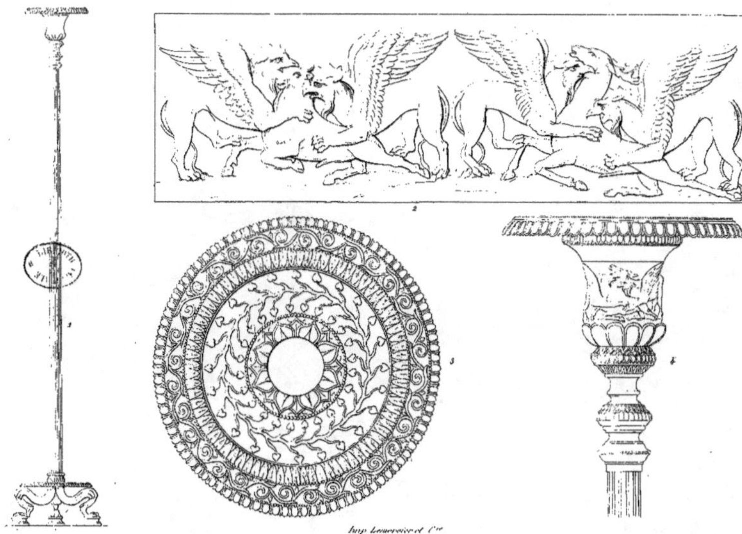

Imp. Lemercier et C.ie

CANDÉLABRE EN BRONZE.

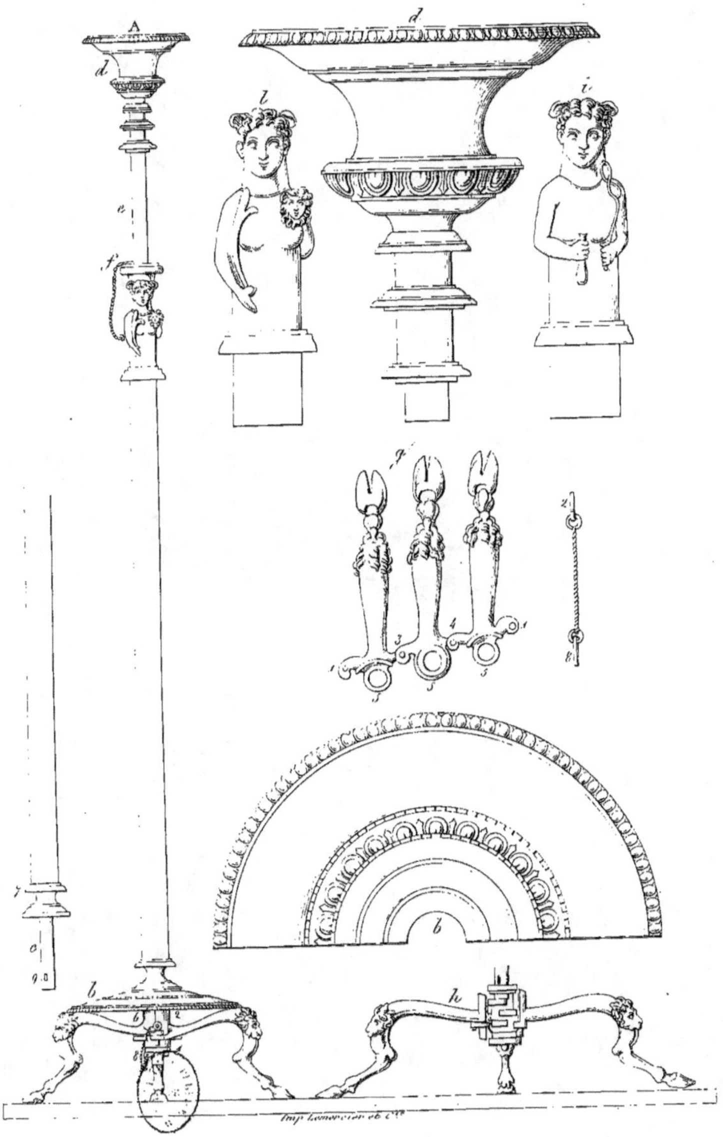

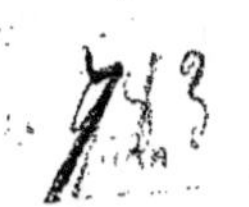

CANDELABRE EN BRONZE ET DÉTAILS.

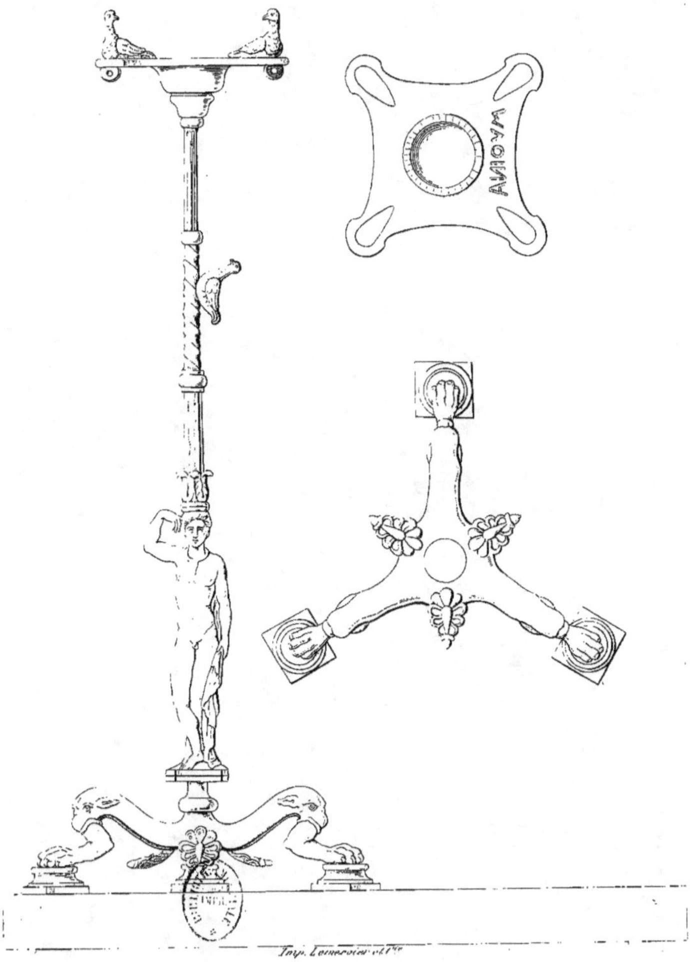

CANDELABRE EN BRONZE.

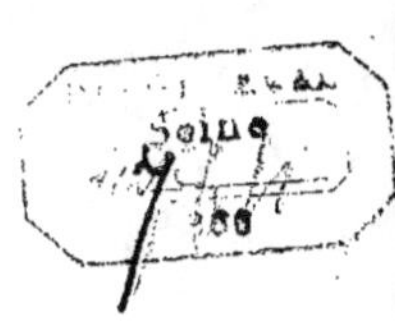

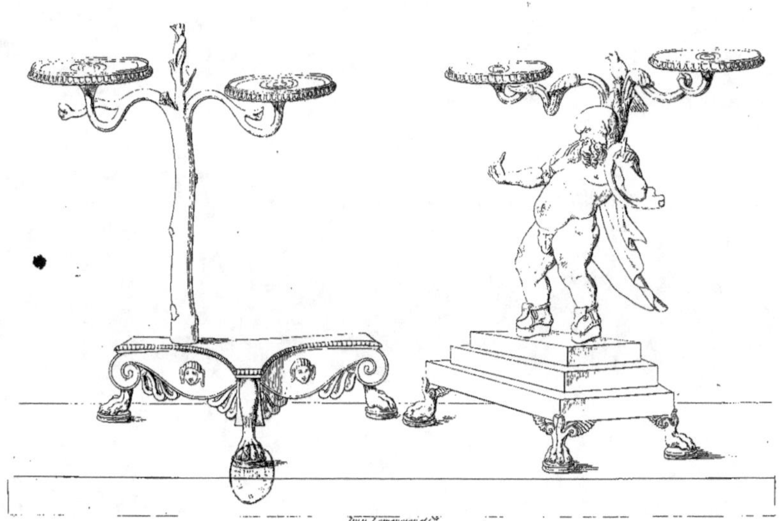

CANDELABRES EN BRONZE.

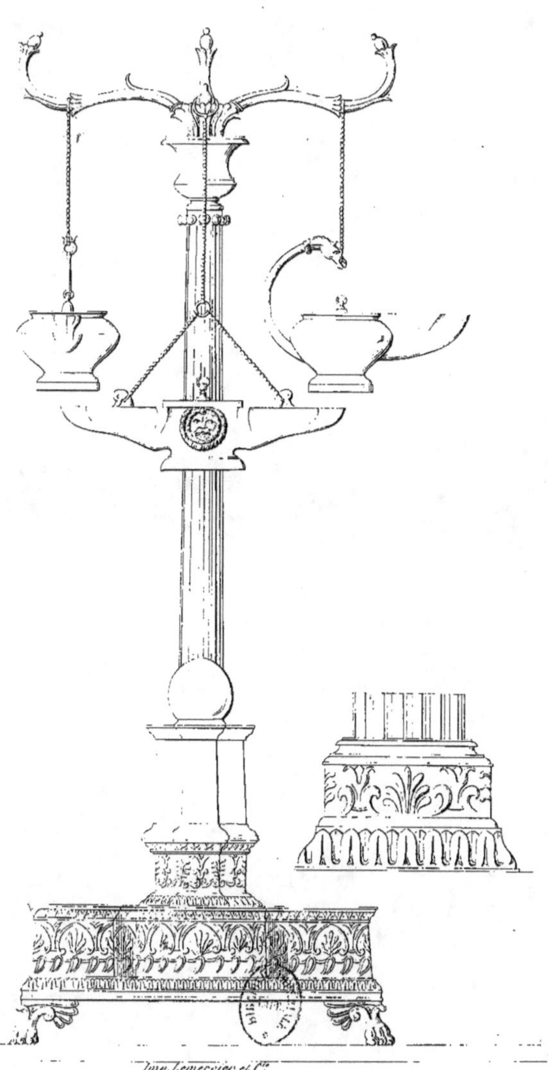

CANDELABRE EN BRONZE.

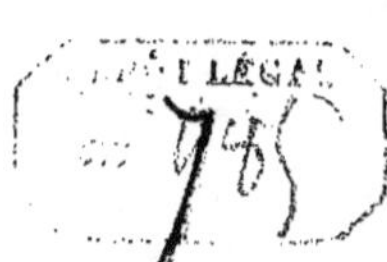

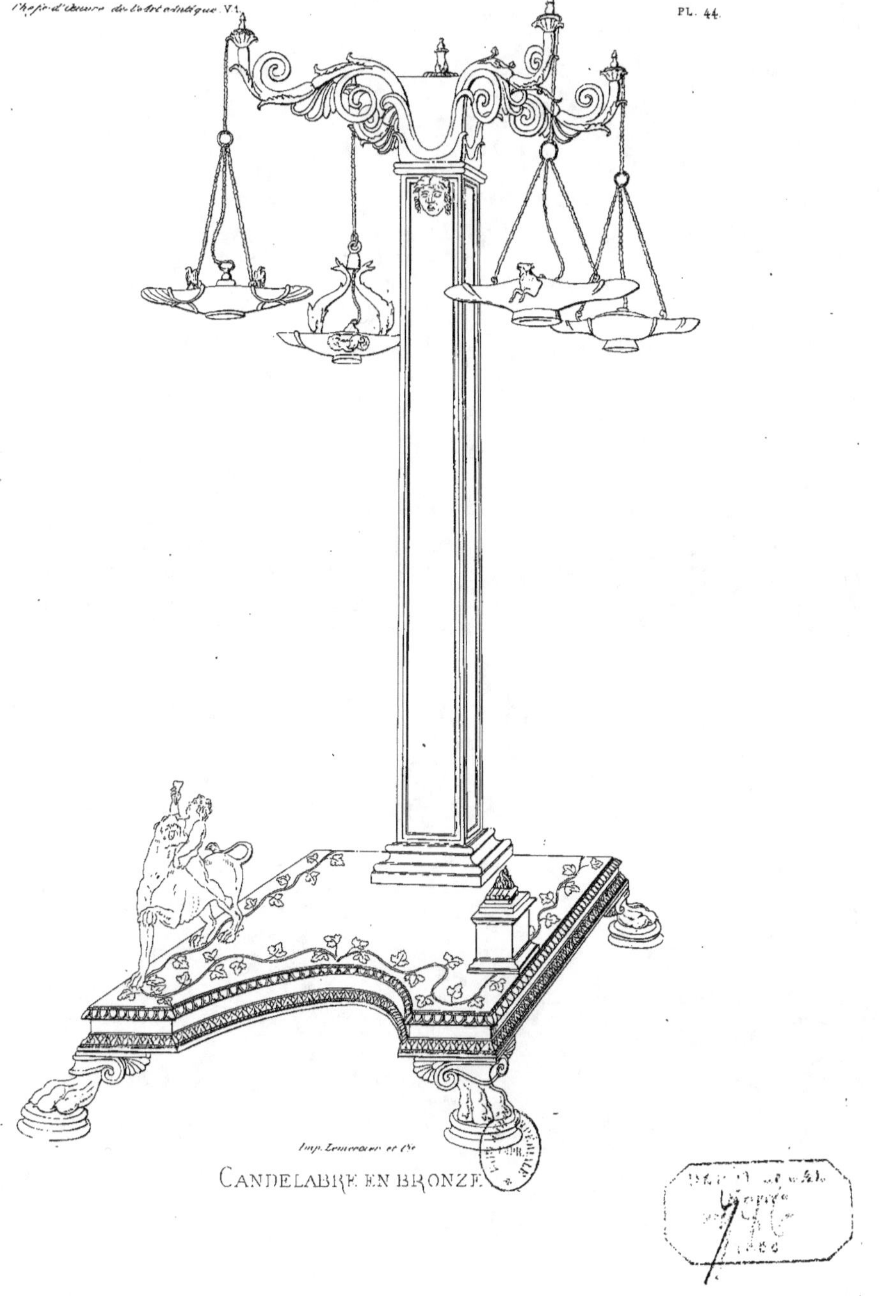

CANDELABRE EN BRONZE.

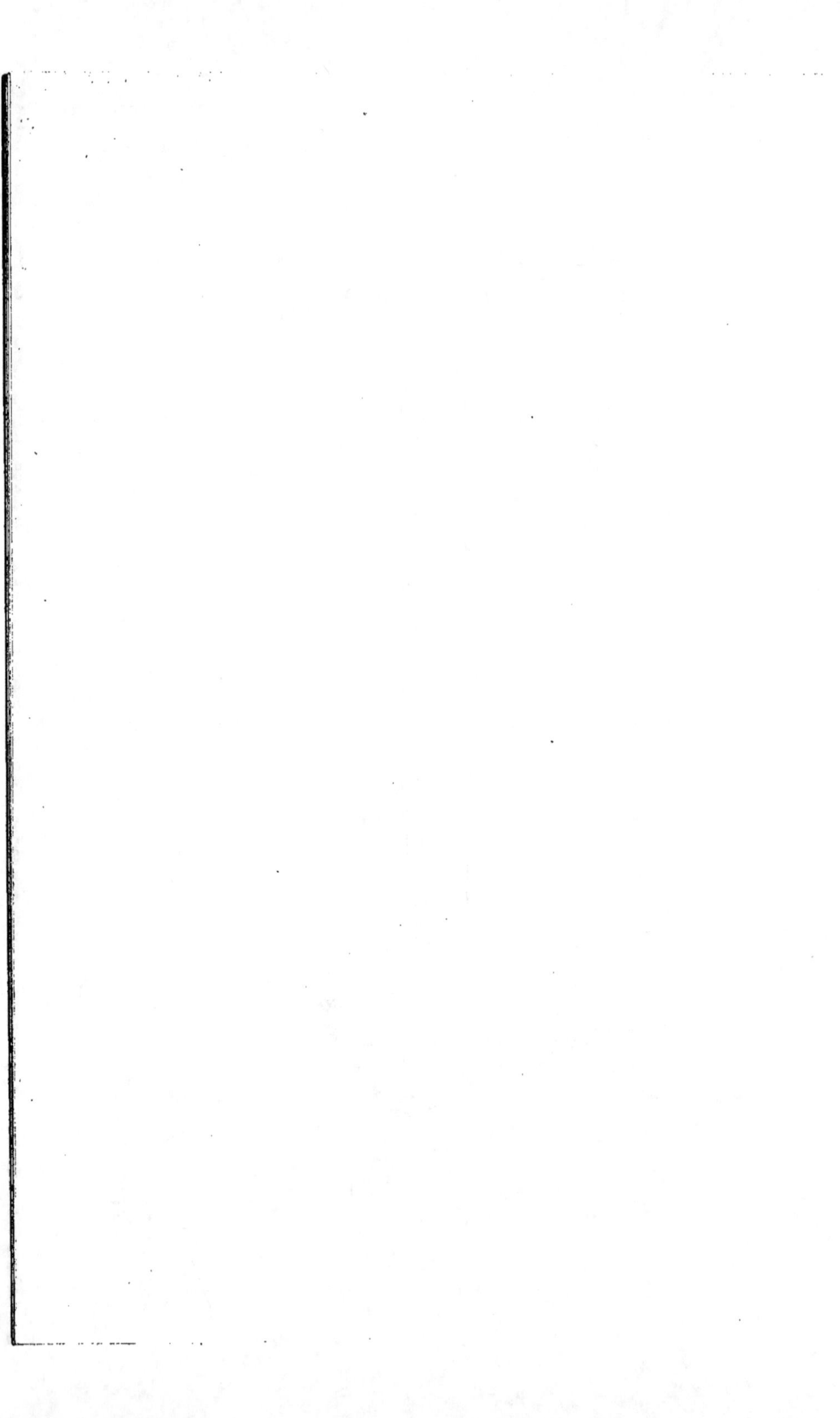

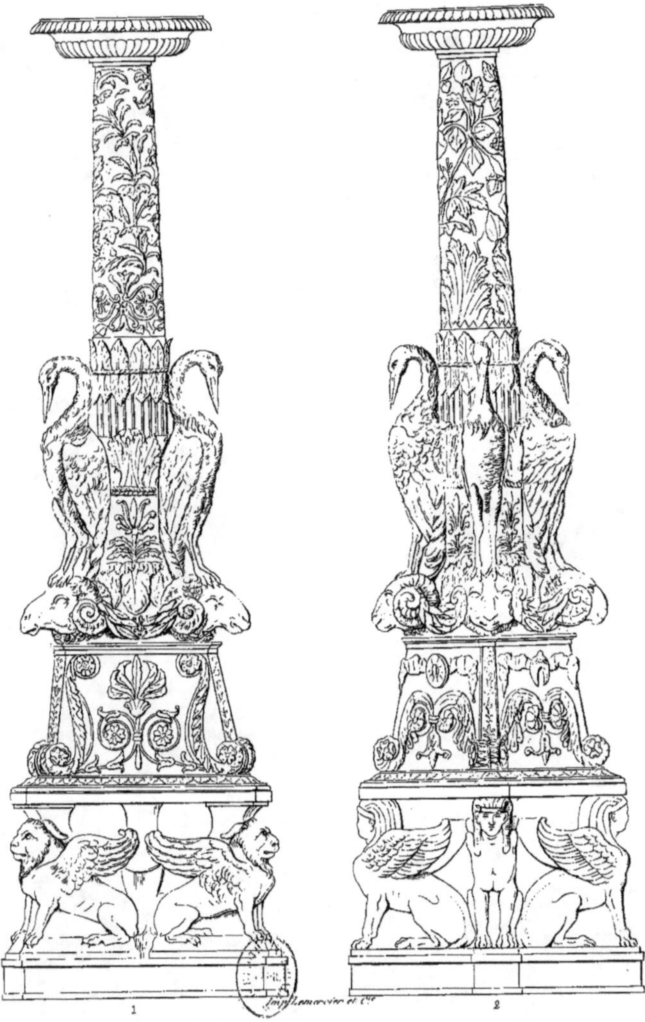

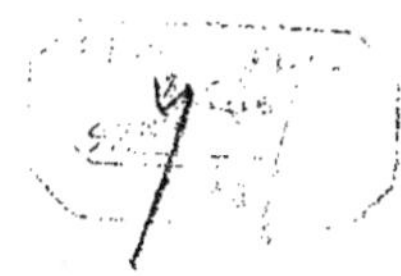

CANDELABRE EN BRONZE.

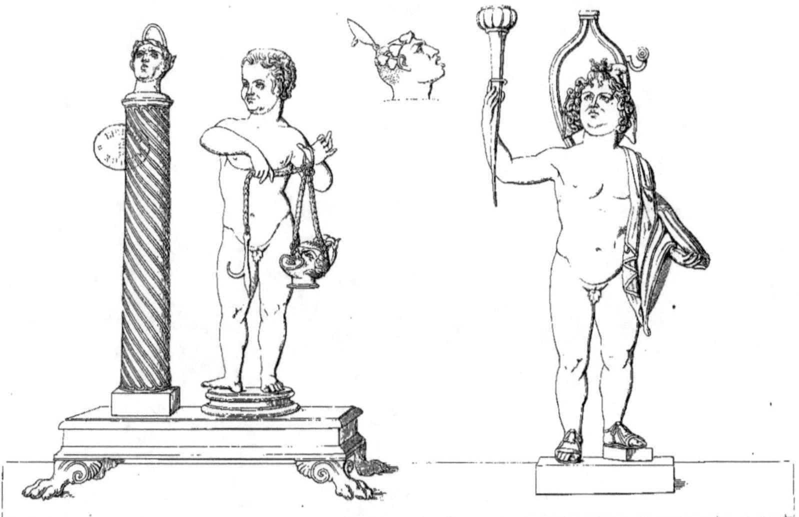

LAMPES EN BRONZE.

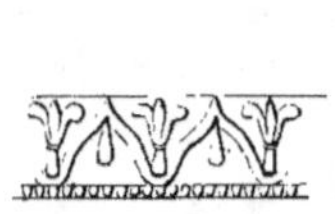

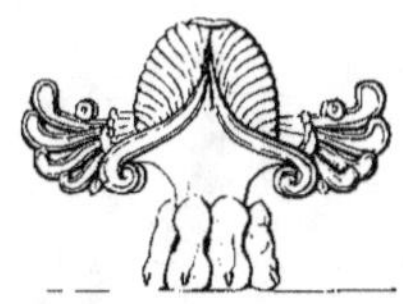

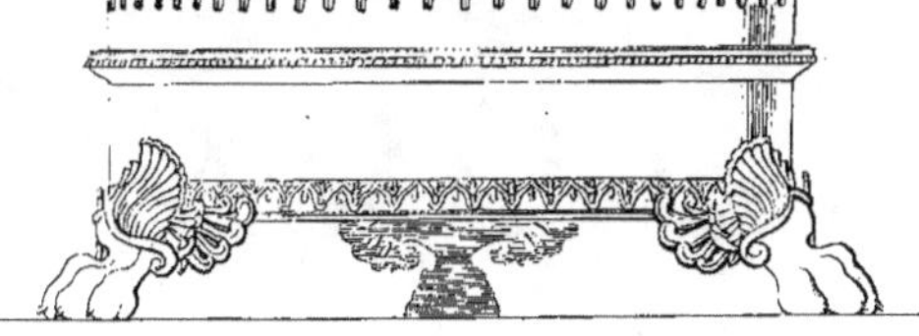

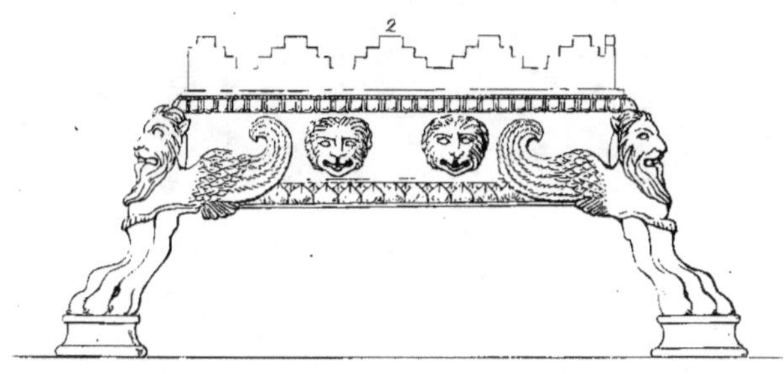

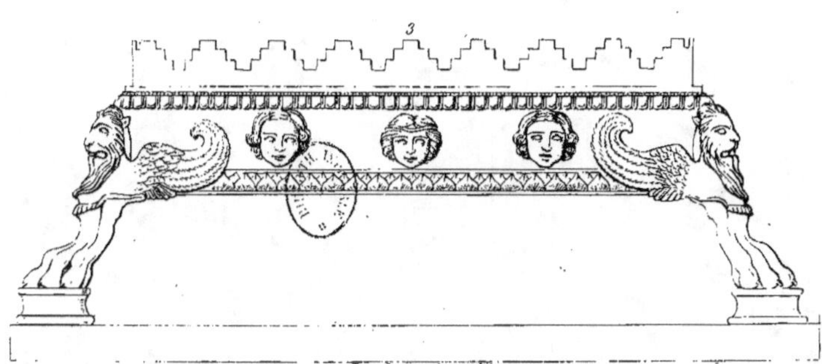

Imp. Lemercier et Cie.

BRASIERS EN BRONZE.

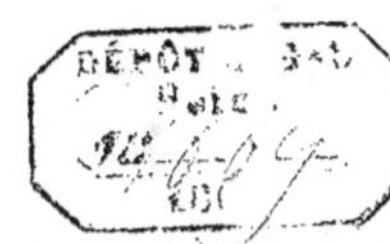

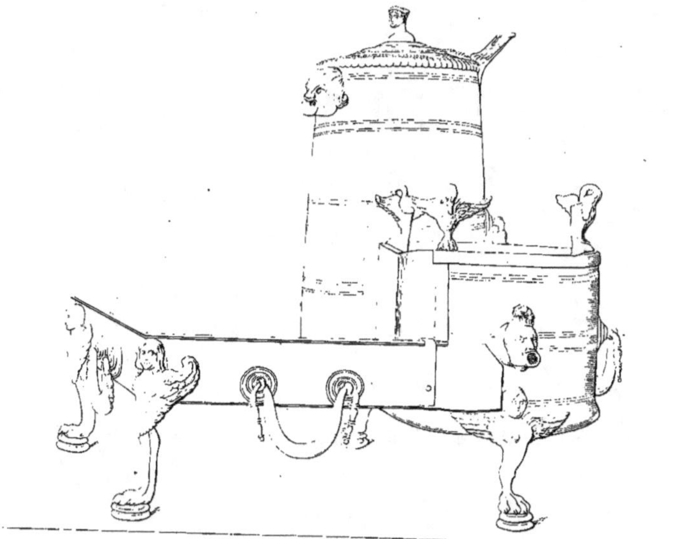

BRASIER AVEC ÉTUVE EN BRONZE.

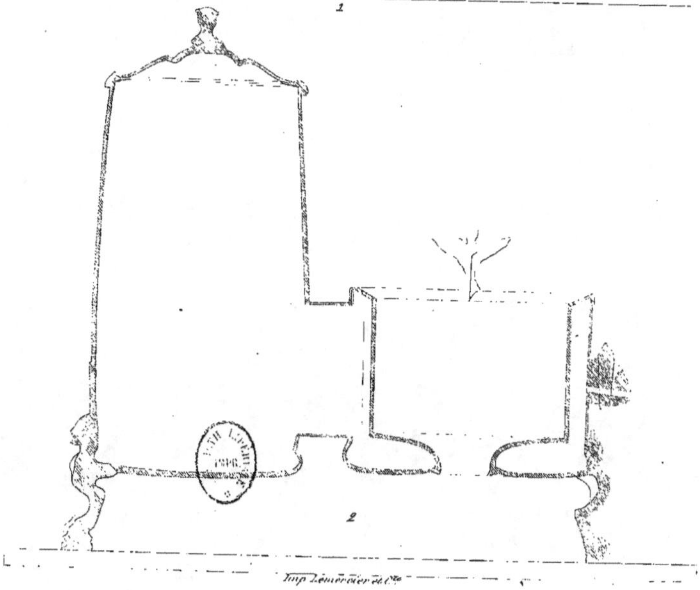

Imp. Lemercier et Cie

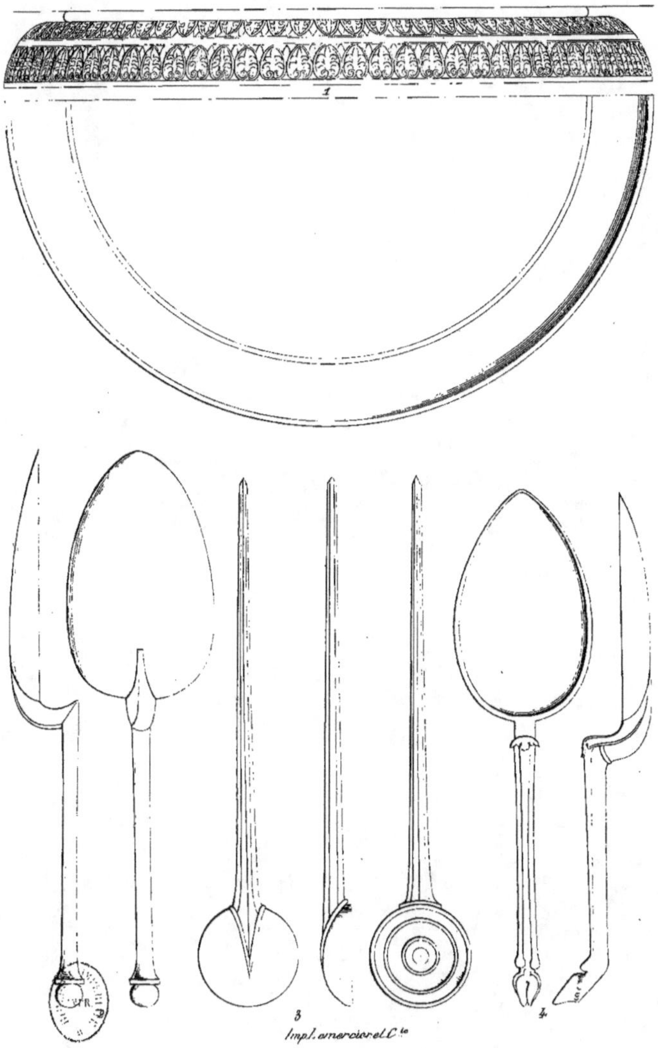

Imp. l. Mercier el Cie

PLAT D'ARGENT ET CUILLERS.

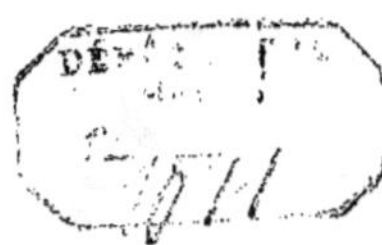

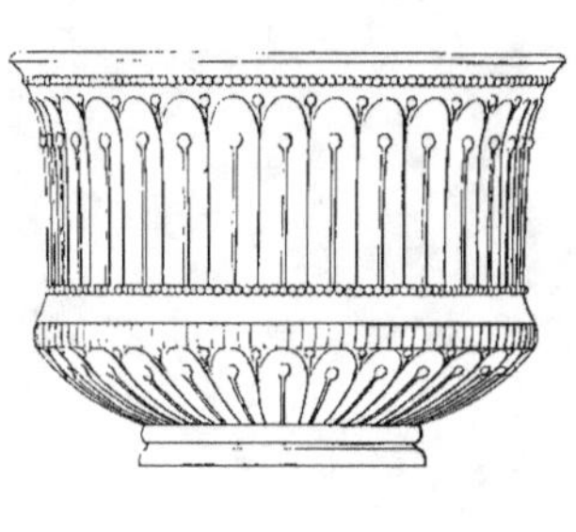

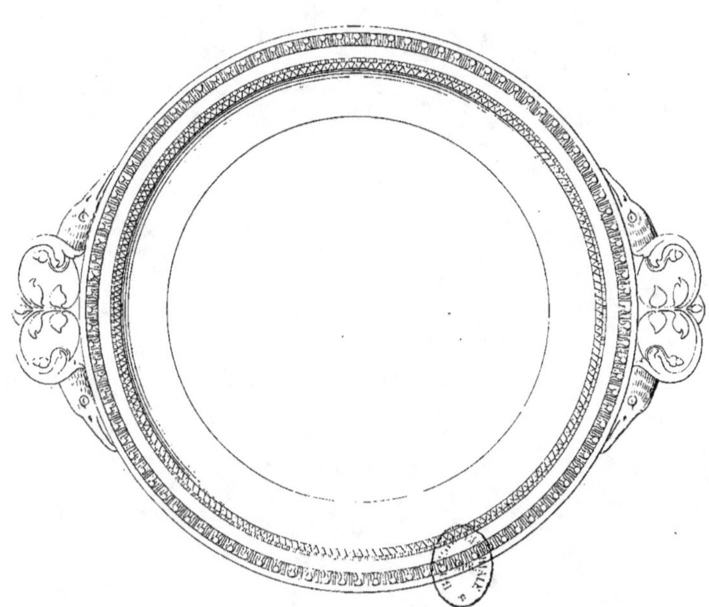

PLAT ET TASSE EN ARGENT.

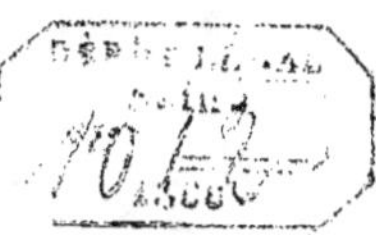

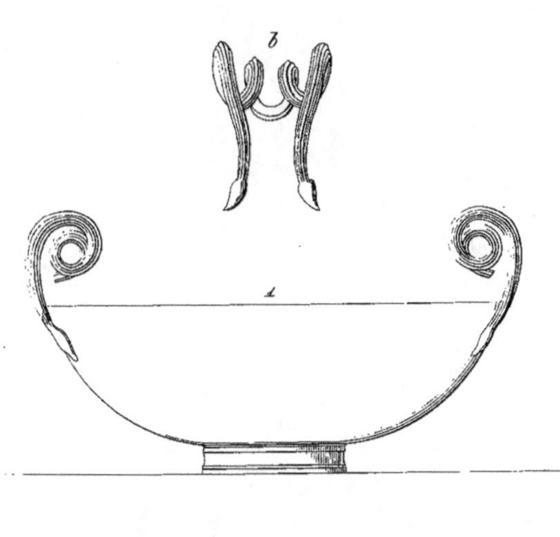

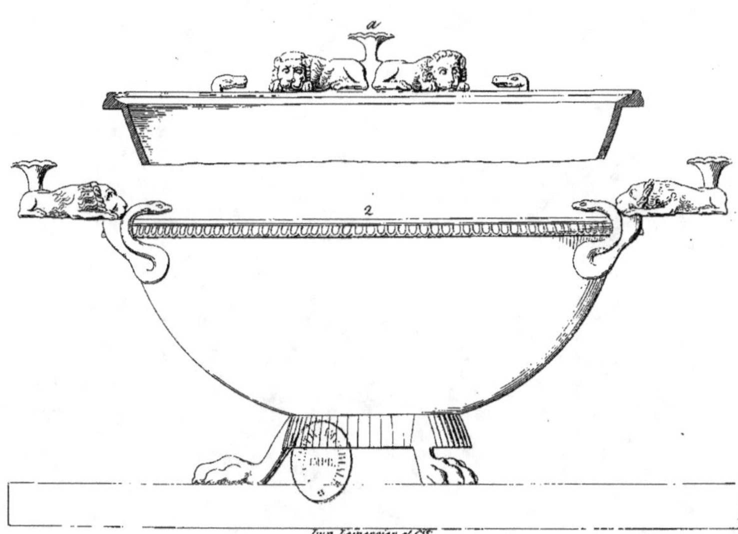

COUPES EN BRONZE.

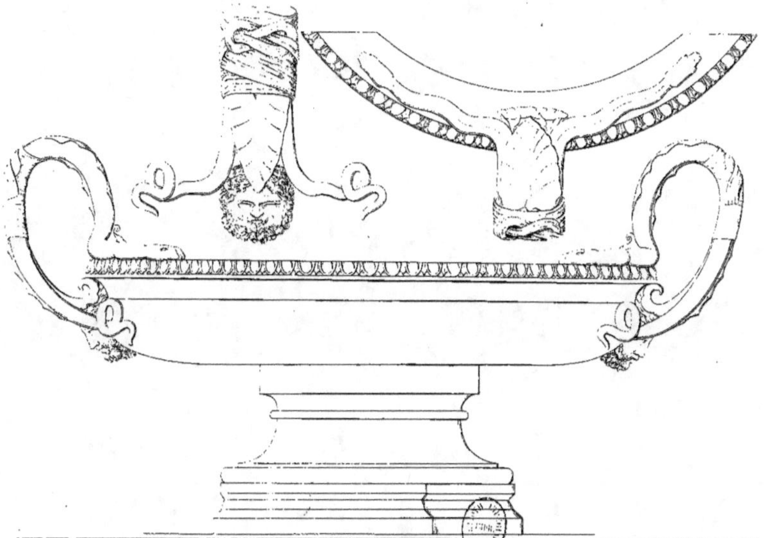

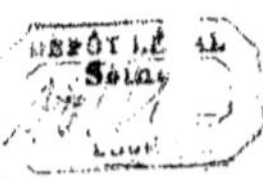

Imp. Lemercier et Cie.

CRATÈRE EN MARBRE.

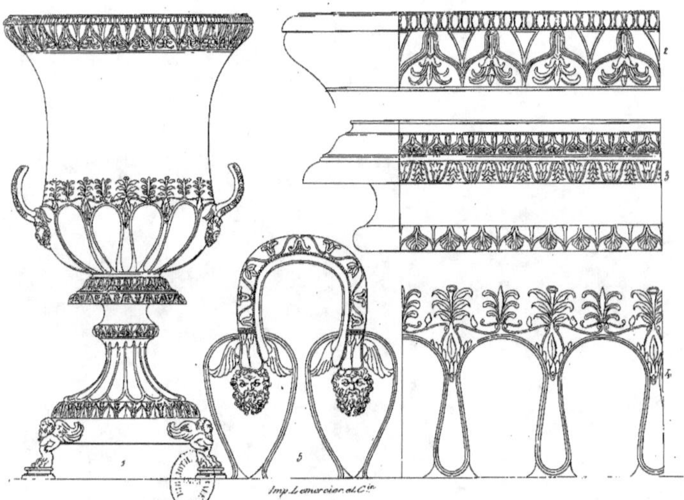

Chatère en bronze

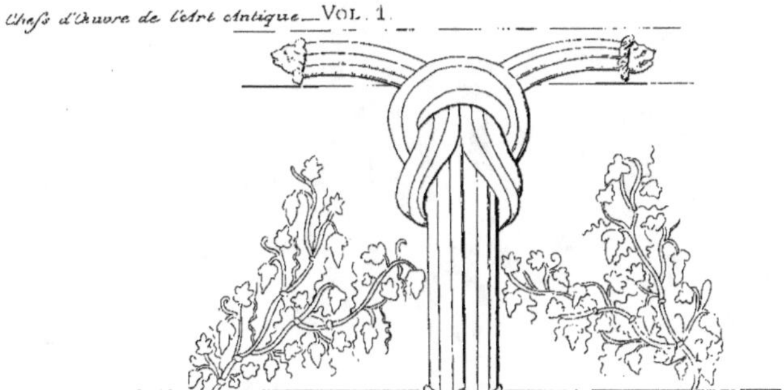

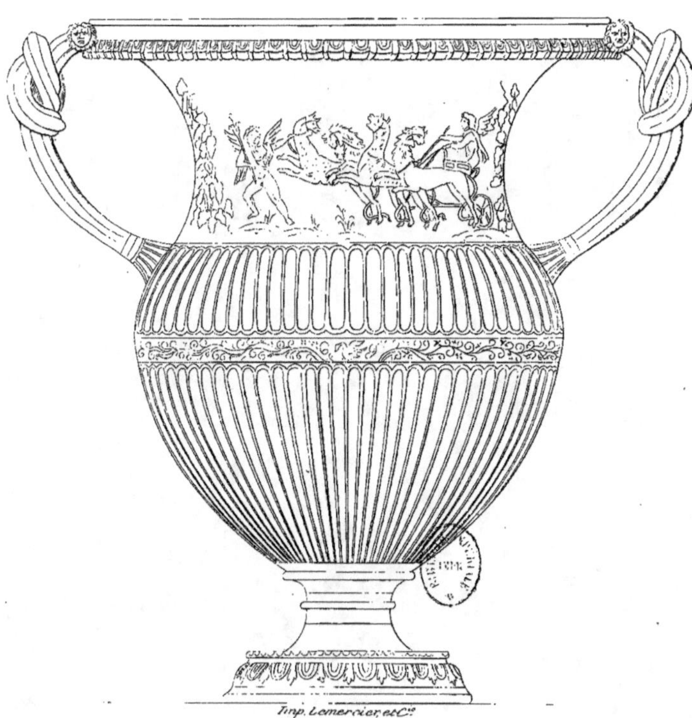

CRATÈRE EN TERRE CUITE.

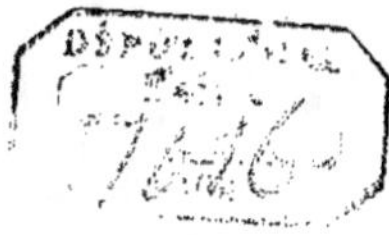

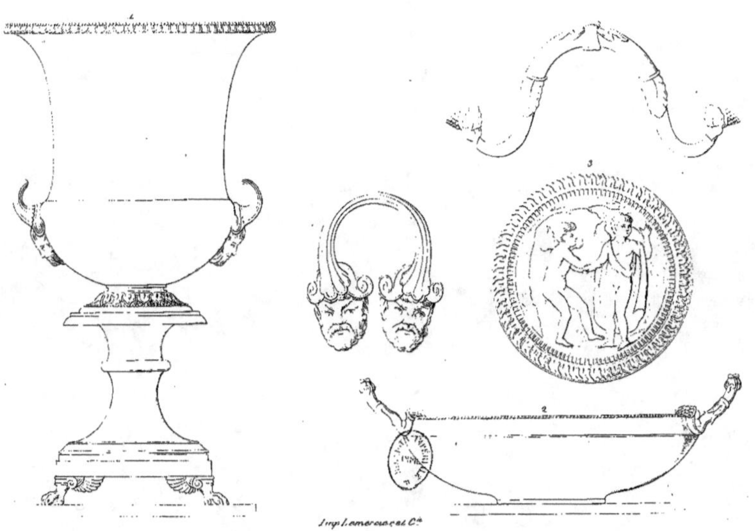

Imp. Lemercier et Cie

CRATÈRE ET TASSE EN BRONZE.

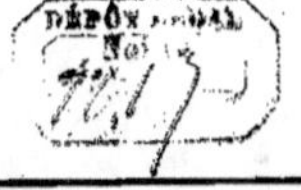

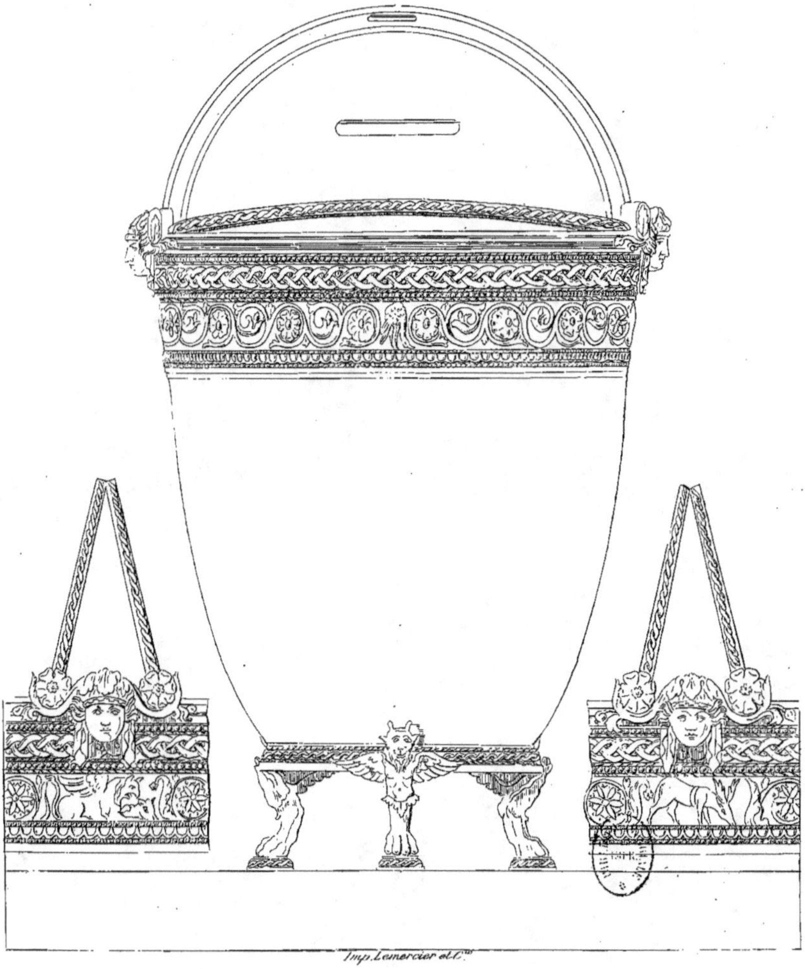

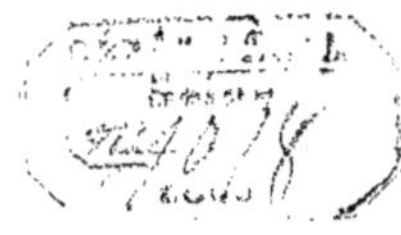

HYDRIA EN BRONZE.

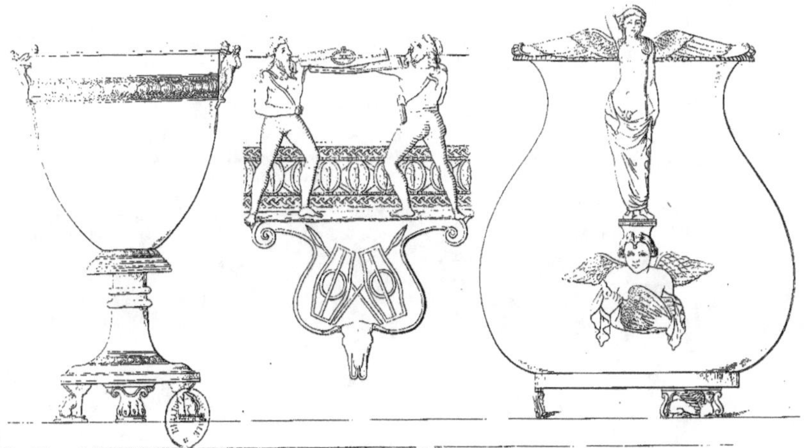

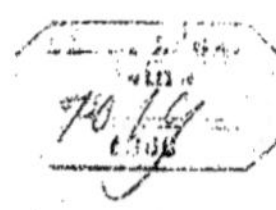

HYDRIA ET VASE EN BRONZE.

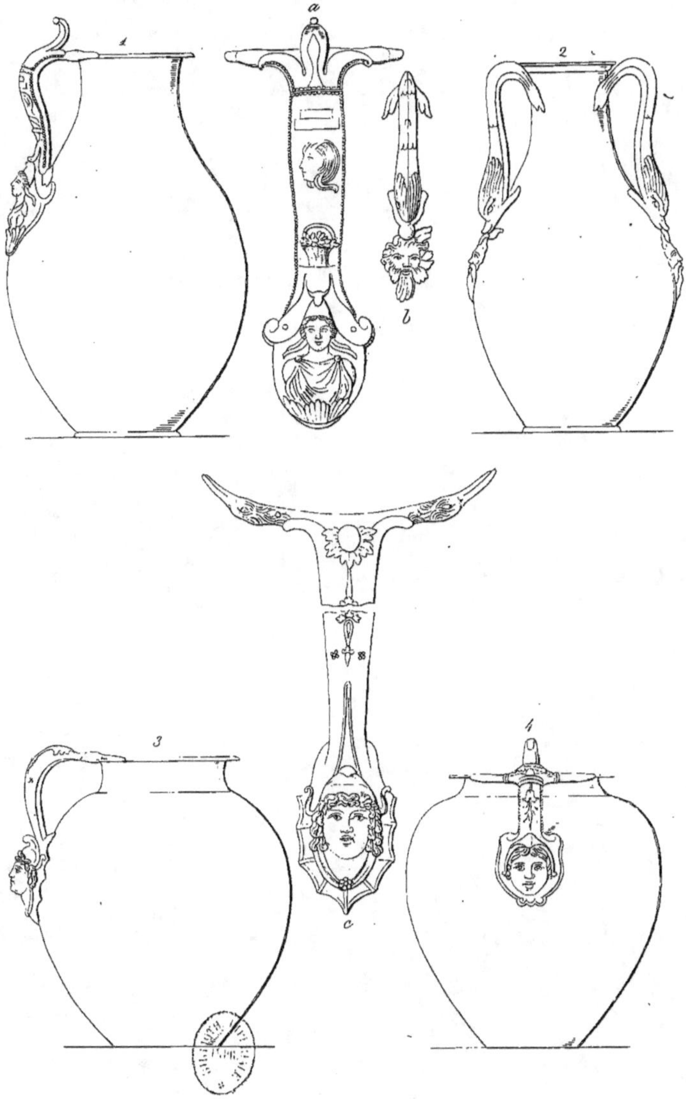

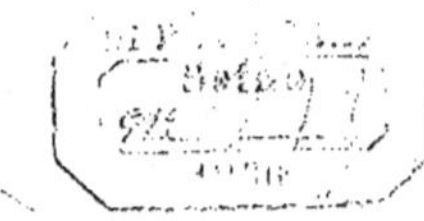

VASES EN BRONZE.

Imp. Lemercier — Paris

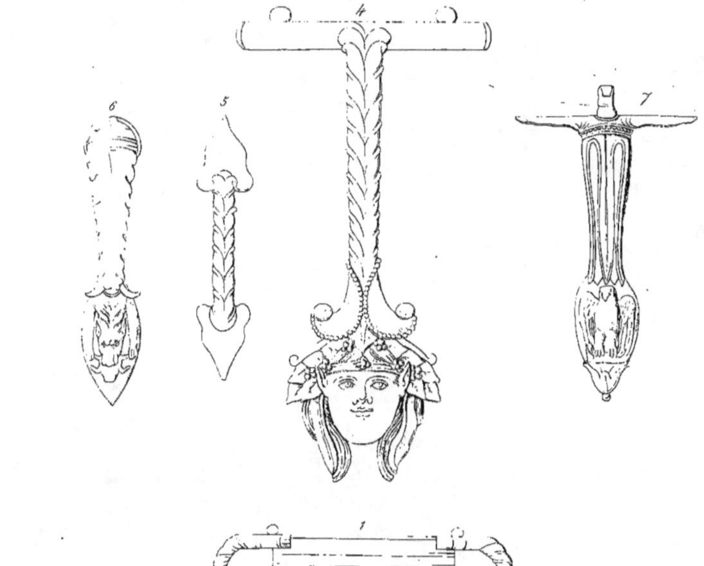

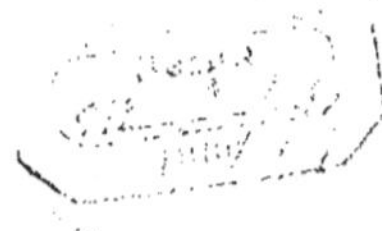

VASES EN BRONZE

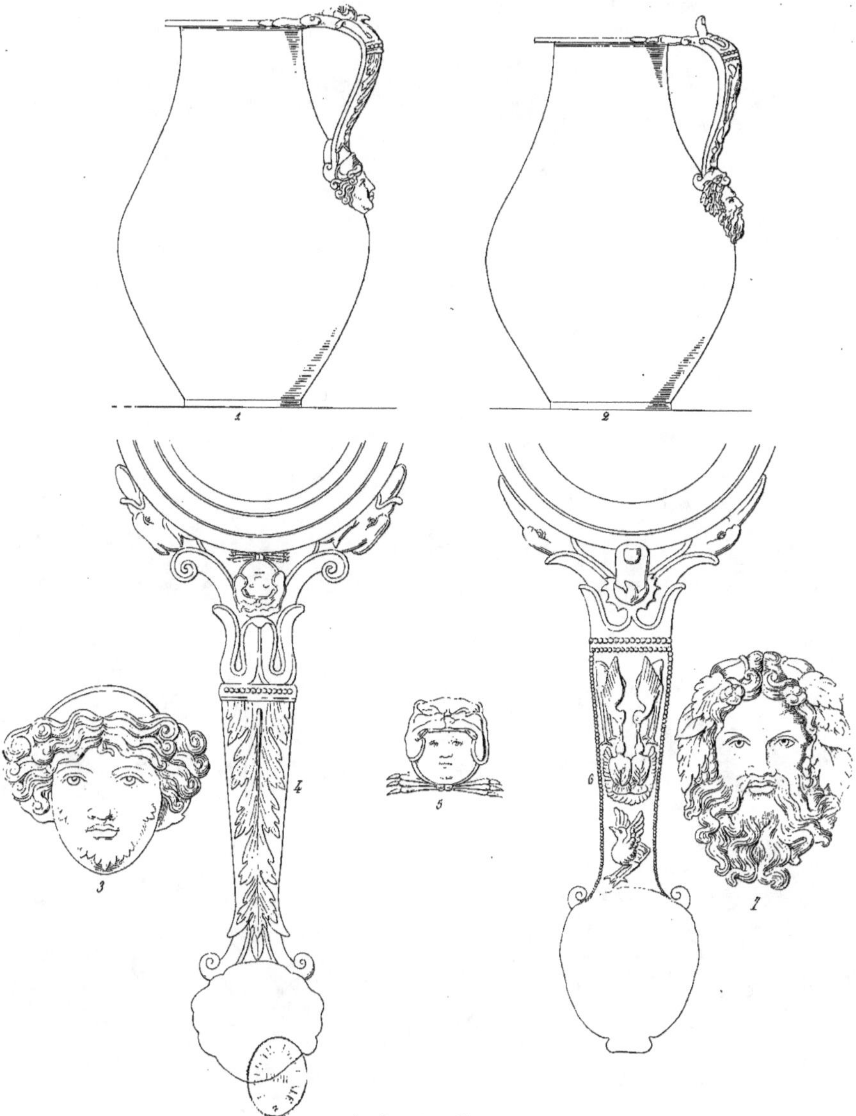

Imp. Lemercier et Cᵉ

VASES EN BRONZE — DÉTAILS.

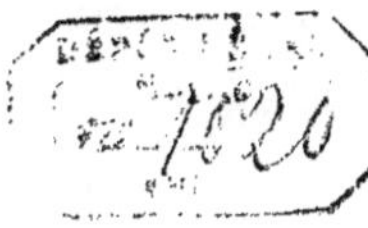

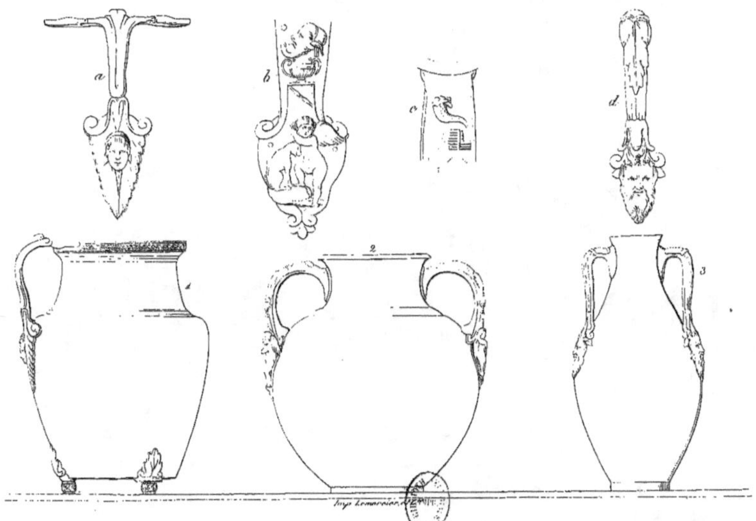

VASES EN BRONZE — DÉTAILS.

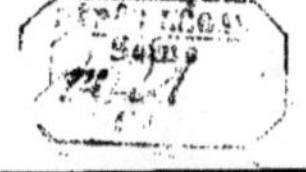

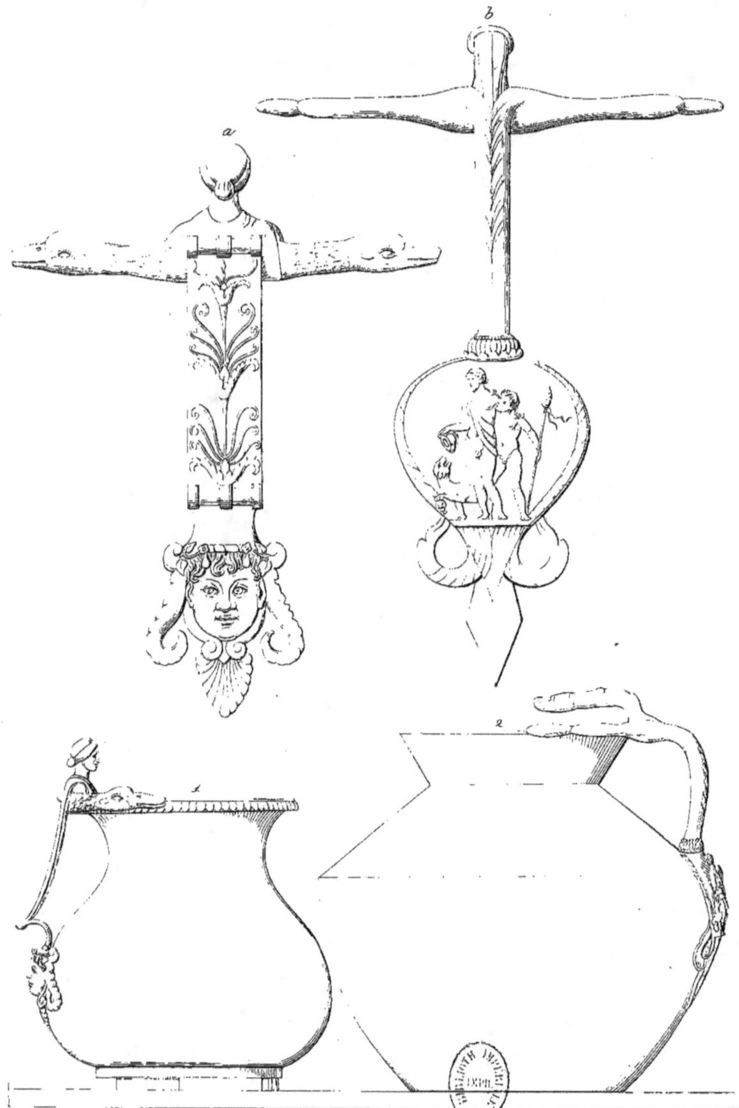

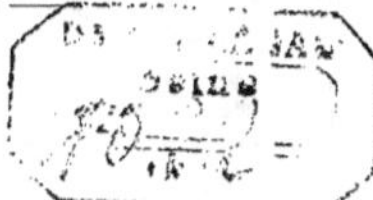

Vases en bronze — Détails.

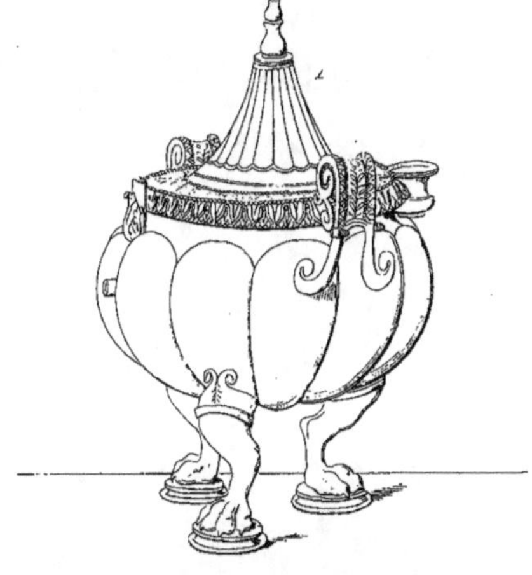

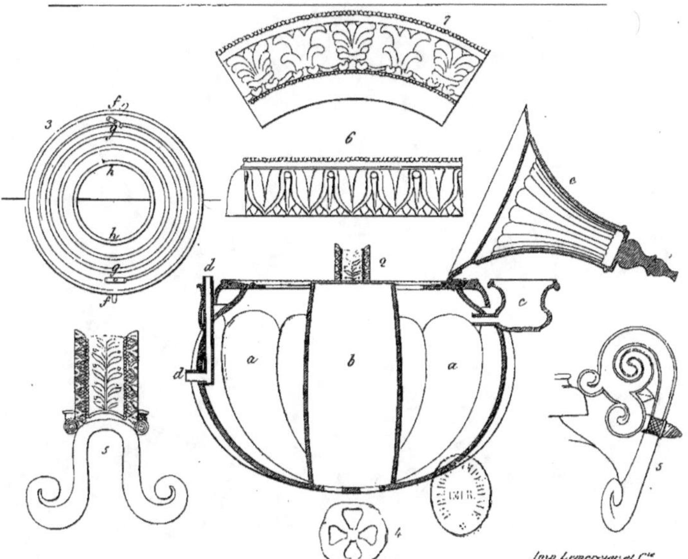

Imp Lemercier et C.ie

BOUILLOIRE AVEC FOYER EN BRONZE.

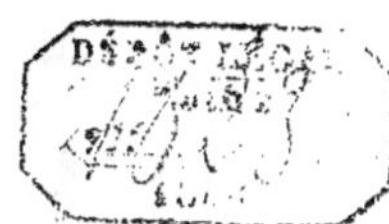

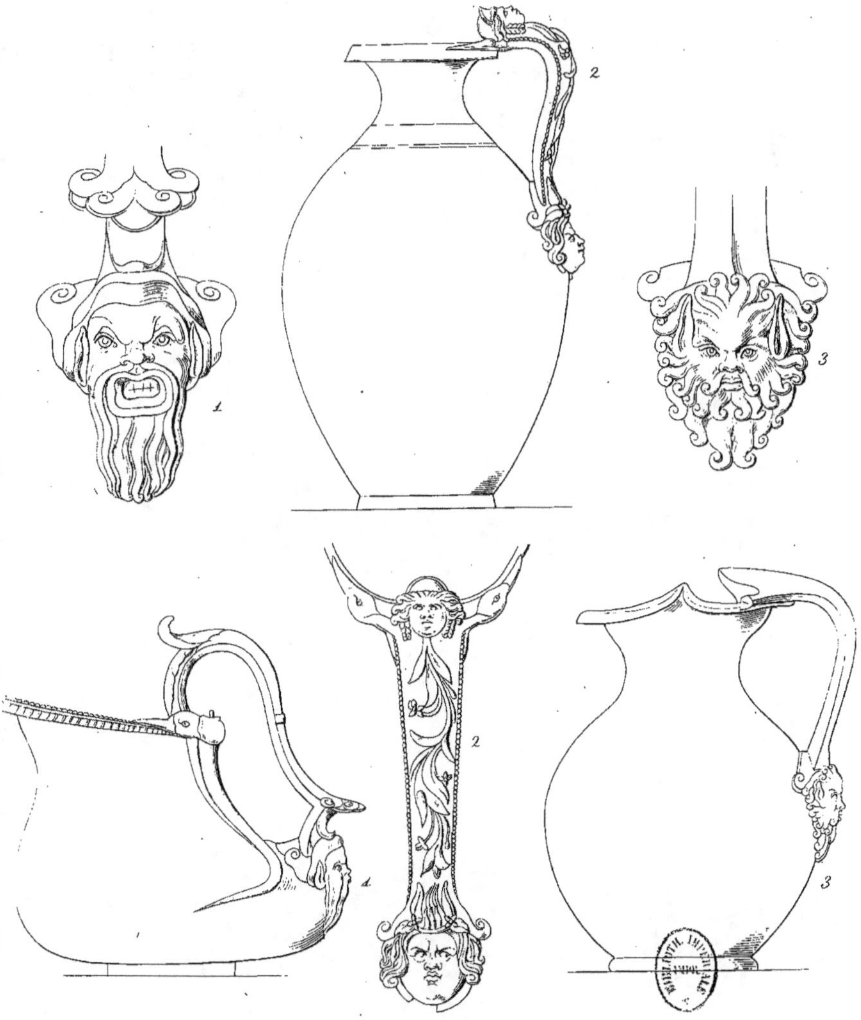

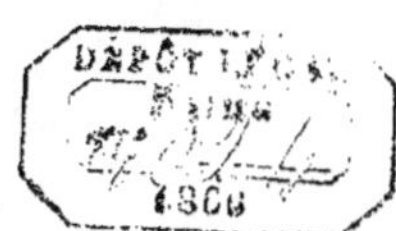

VASES EN BRONZE — DÉTAILS.

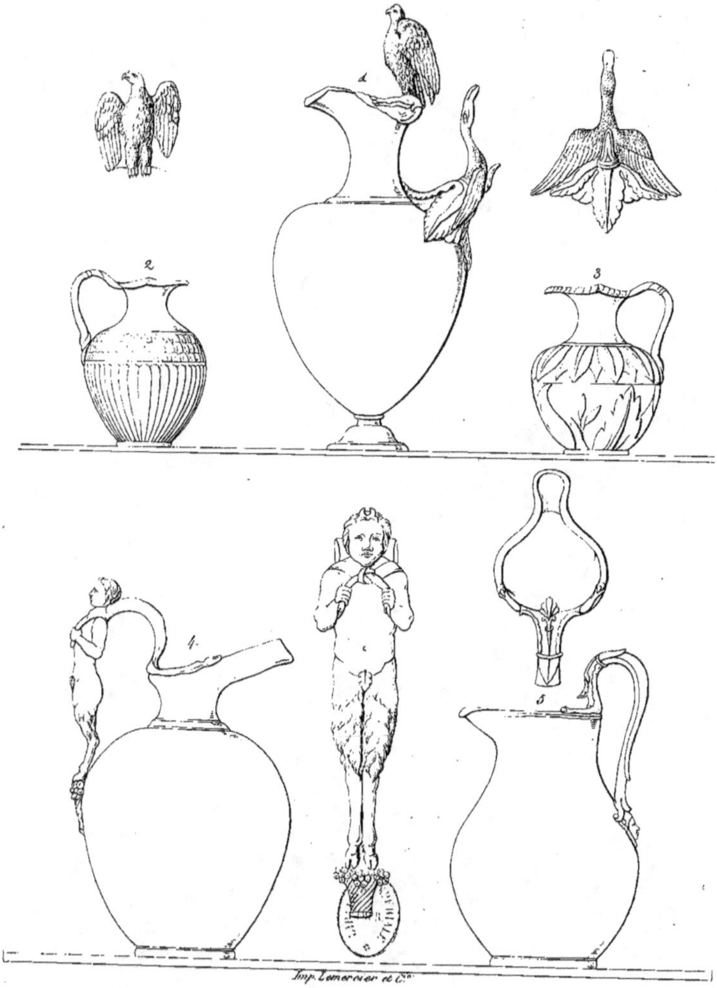

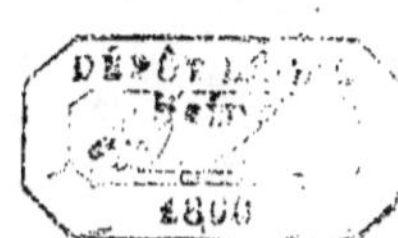

VASES EN BRONZE.

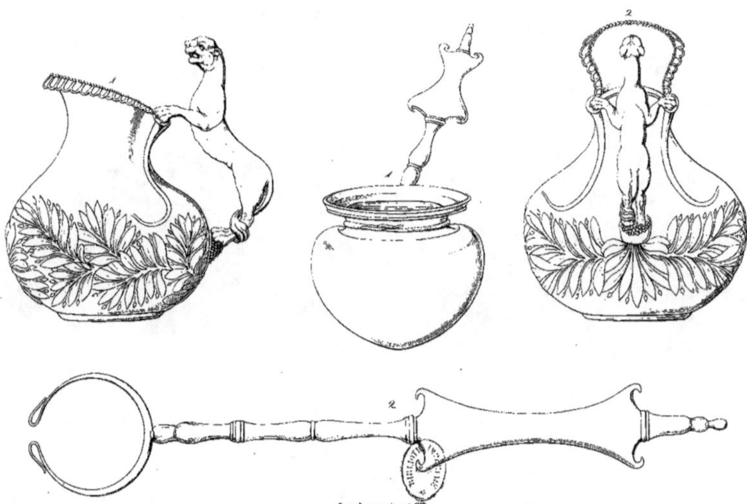
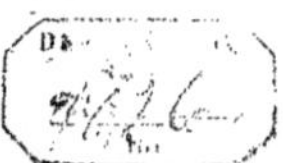

VASES EN BRONZE POUR LA TABLE.

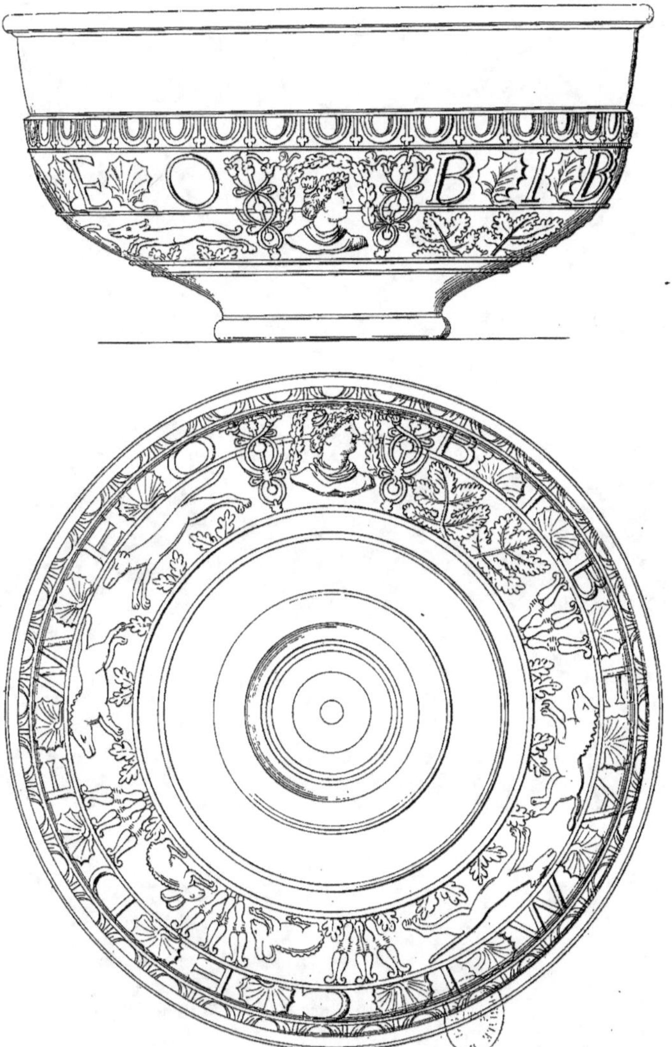

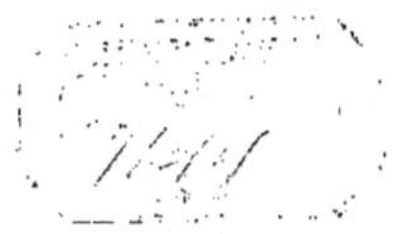

Imp. Lemercier et C.ie

TASSE EN TERRE CUITE.

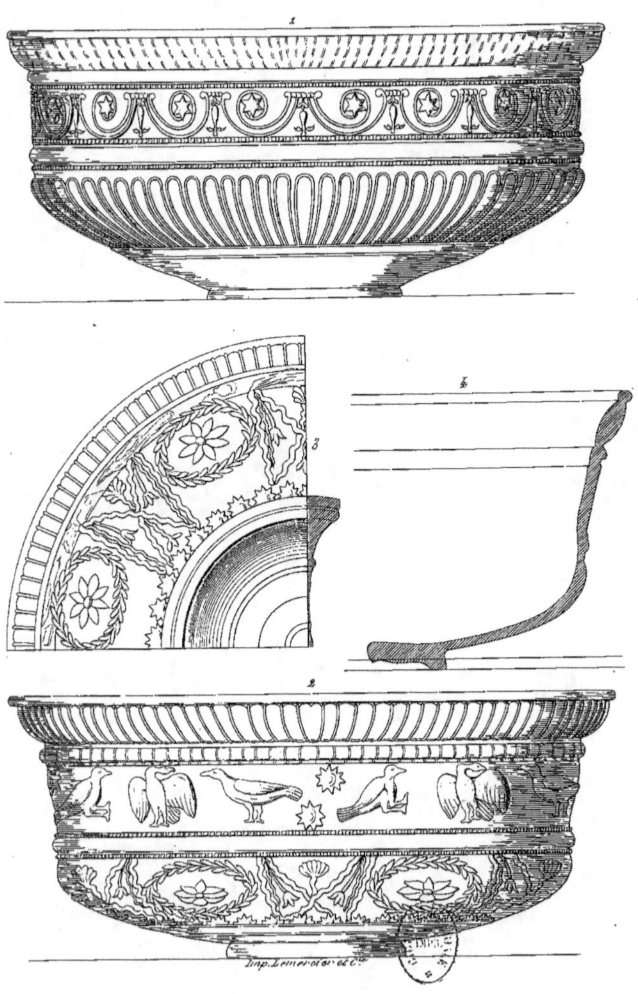

TASSES EN TERRE CUITE.

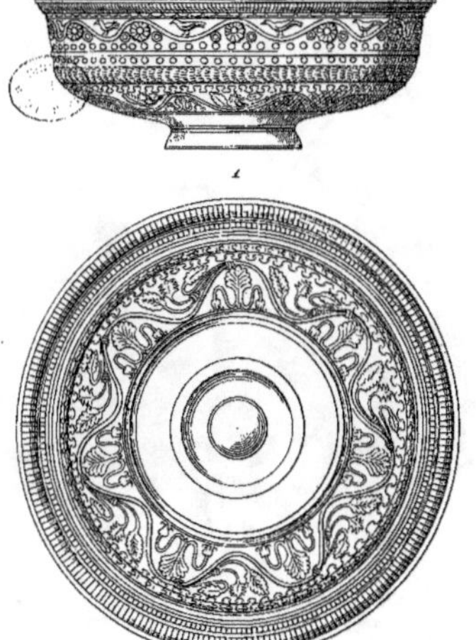

1

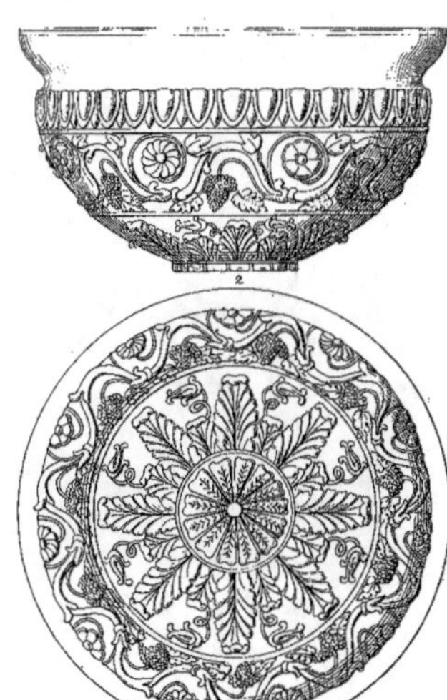

2

Imp. Lemercier et Cie.

TASSES EN TERRE CUITE.

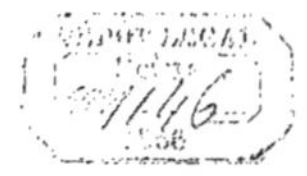

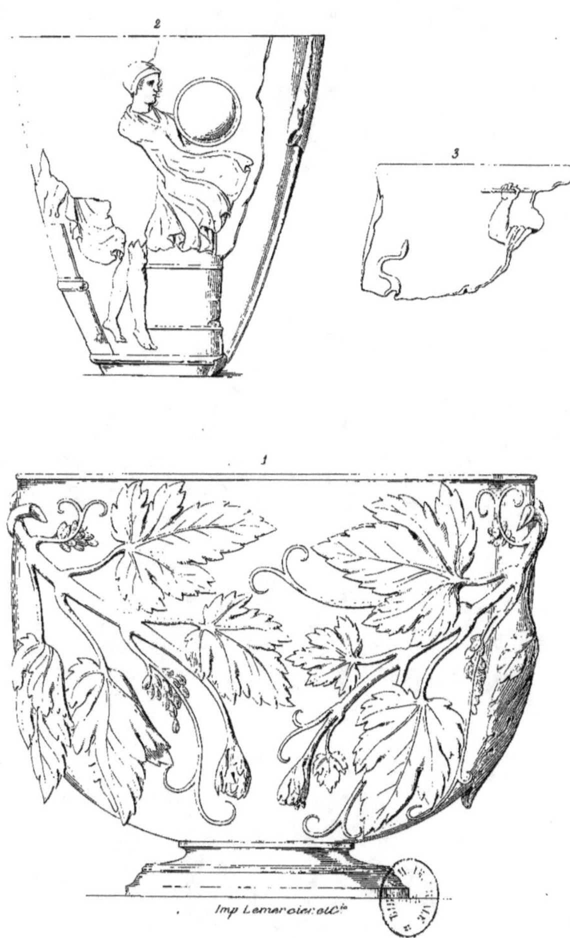

TASSES EN ARGENT.

Imp Lemercier et C.ie

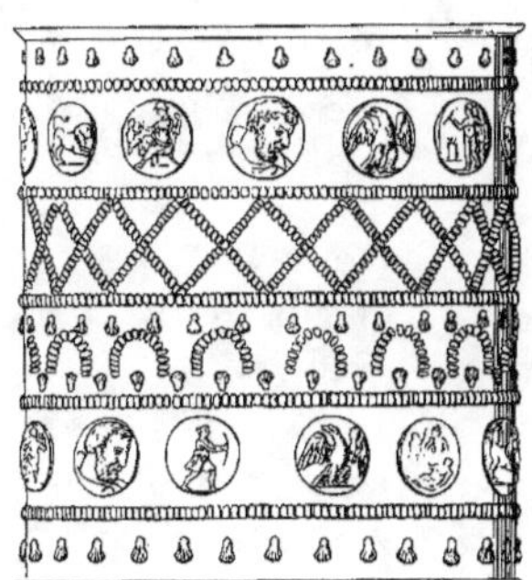

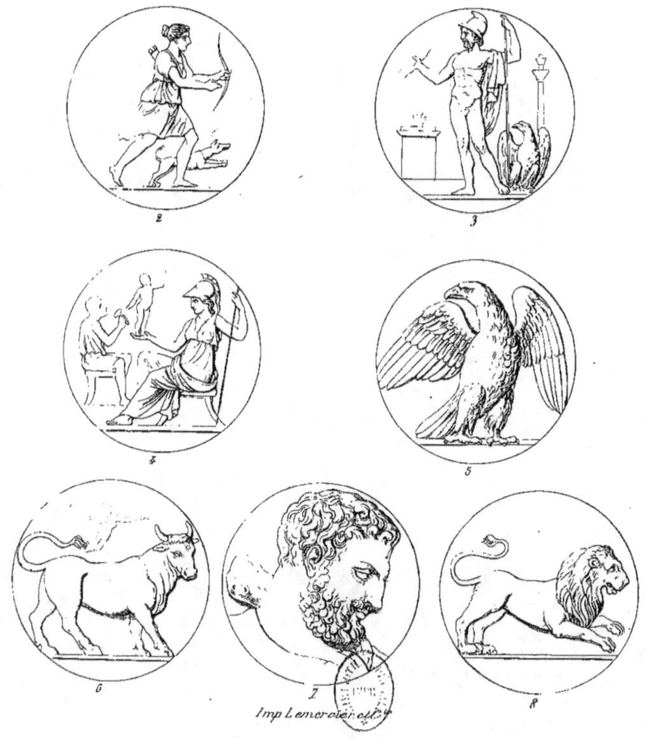

Imp Lemercier et C.ie

VASE CYLINDRIQUE EN PLOMB

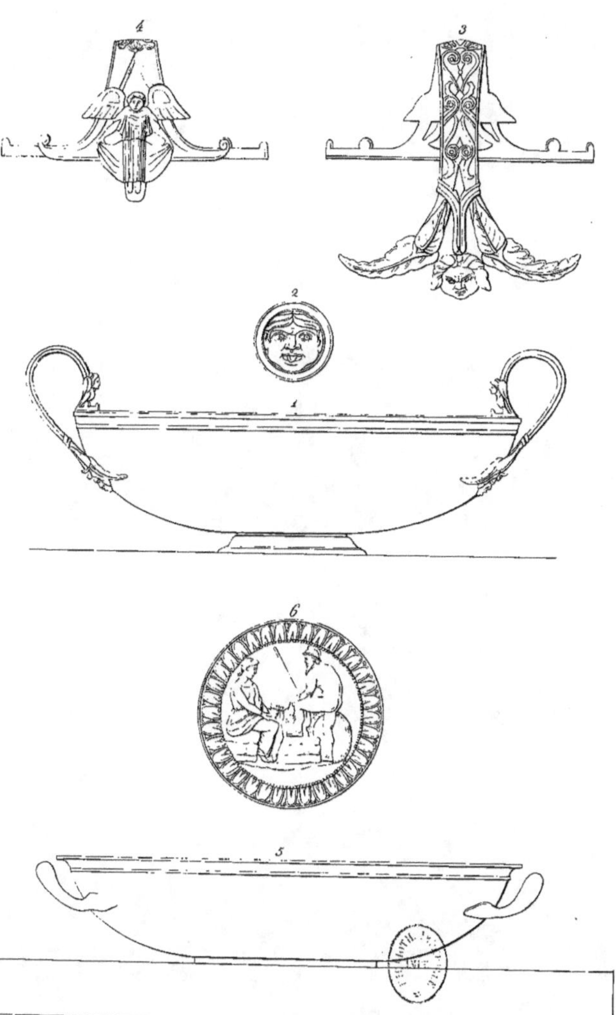

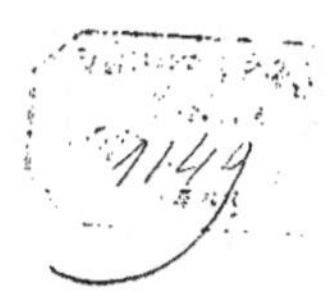

Imp. Lemercier et Cie.

TASSES EN BRONZE.

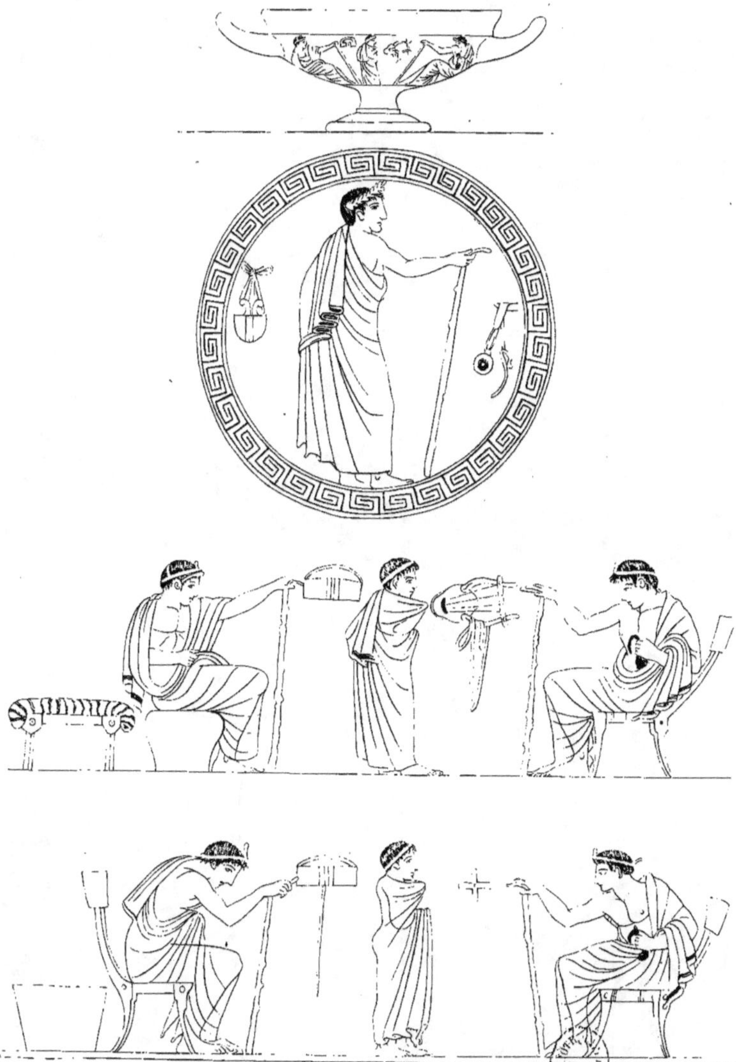

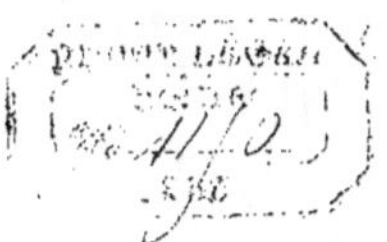

COUPE EN TERRE CUITE.

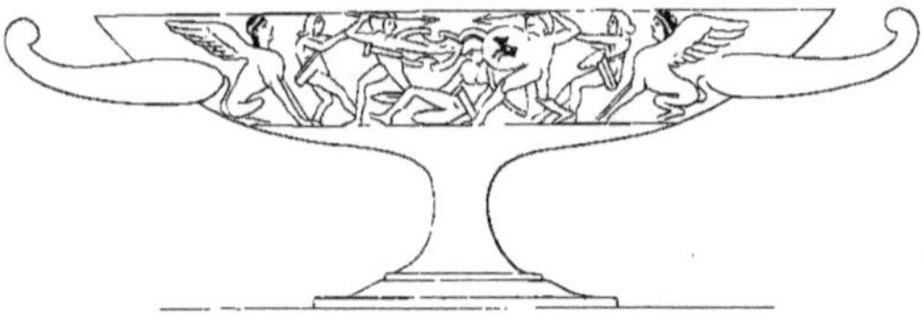

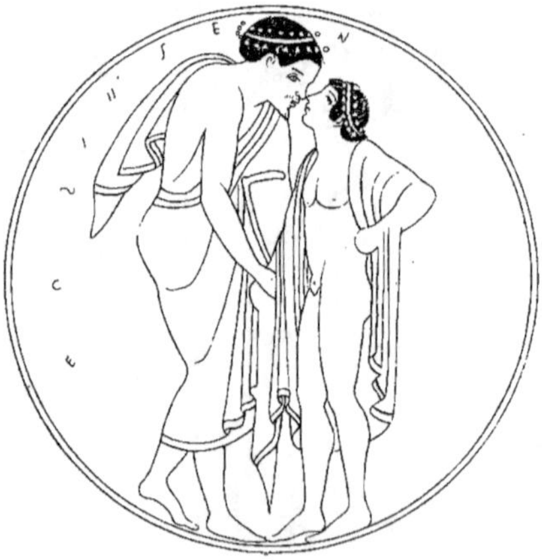

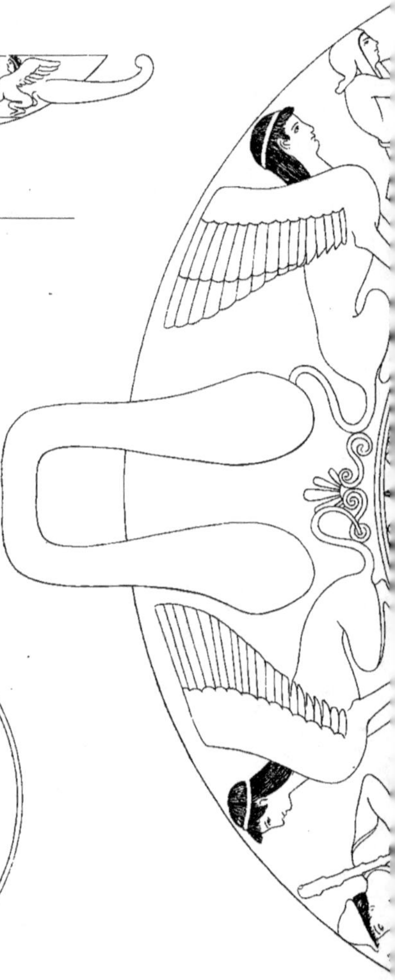

Cou

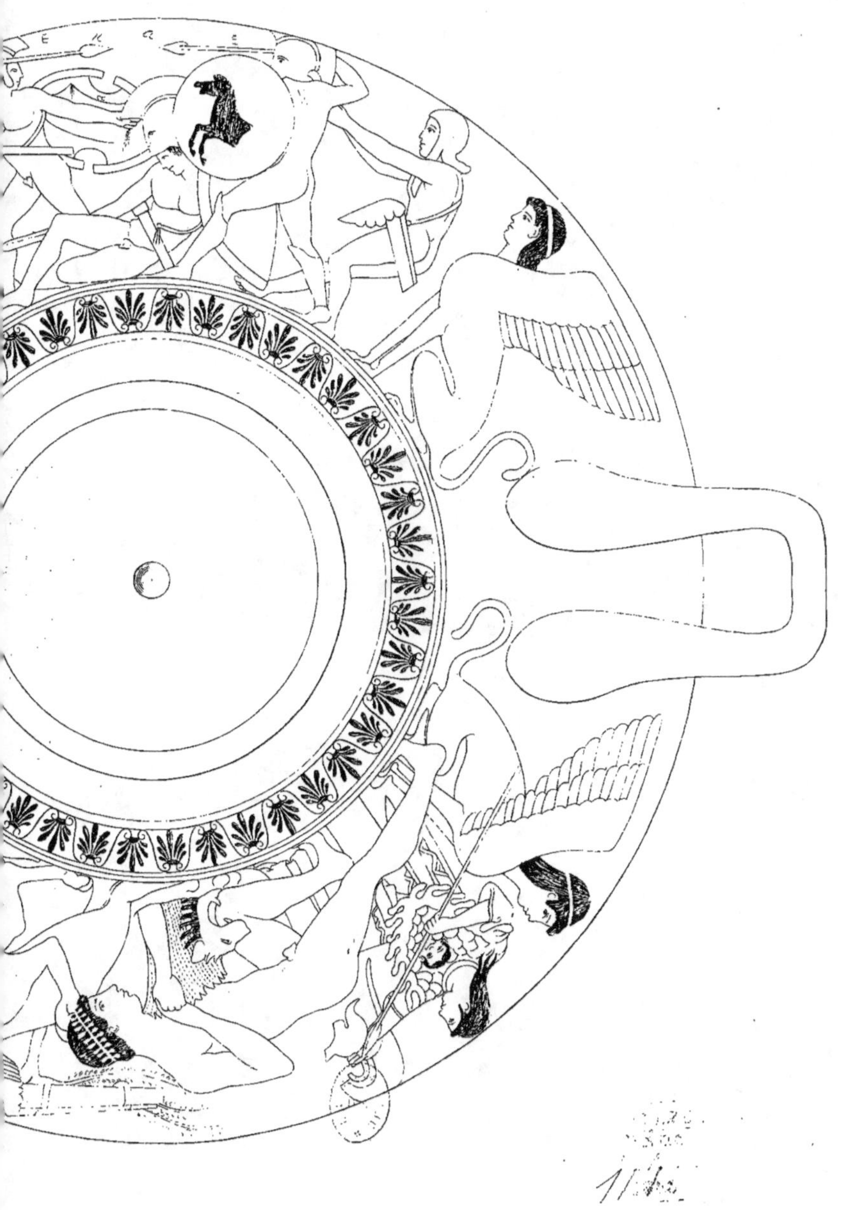

CULTE.

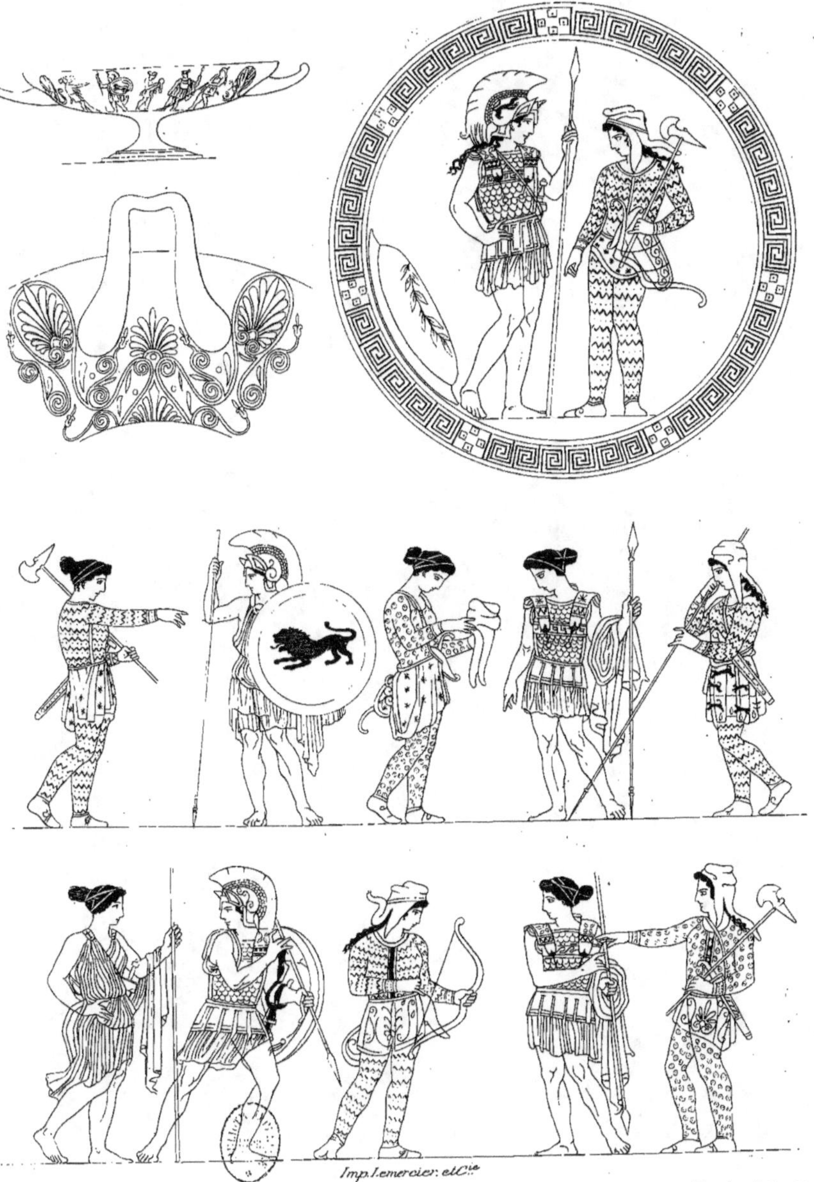

Imp. Lemercier et Cie.

COUPE EN TERRE CUITE.

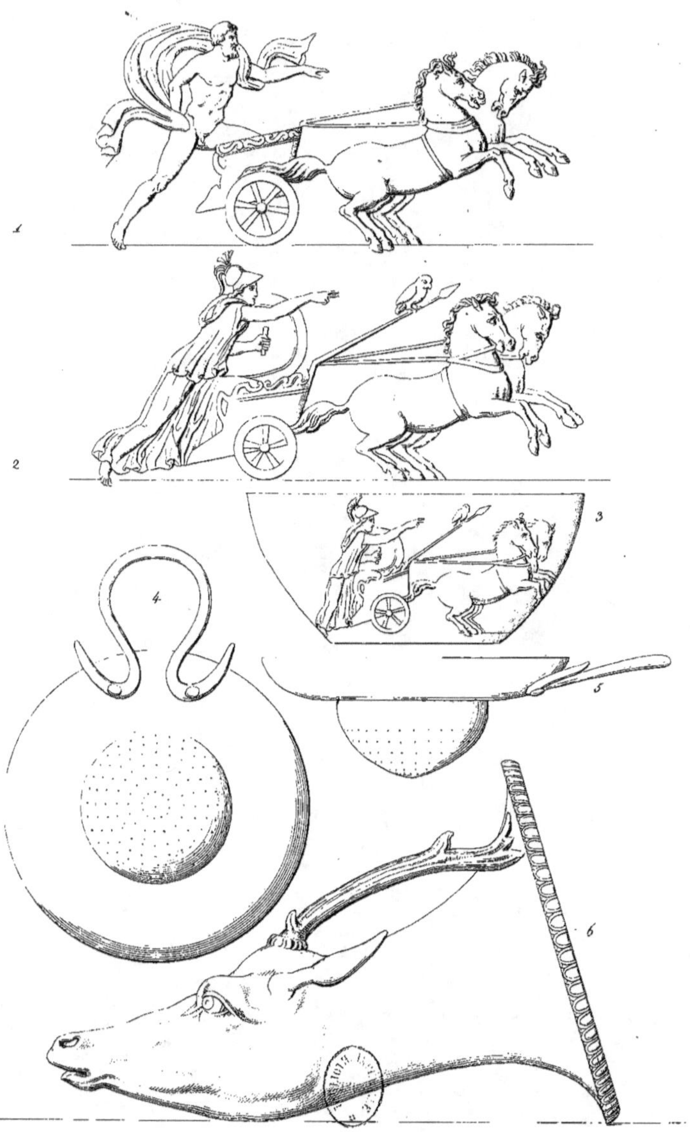

1. COVPE. 2,3.DÉTAILS. 4,5.PASSOIRS. 6.CORNE À BOIRE.(RHYTHON)

Imp. Lemercier. Paris.

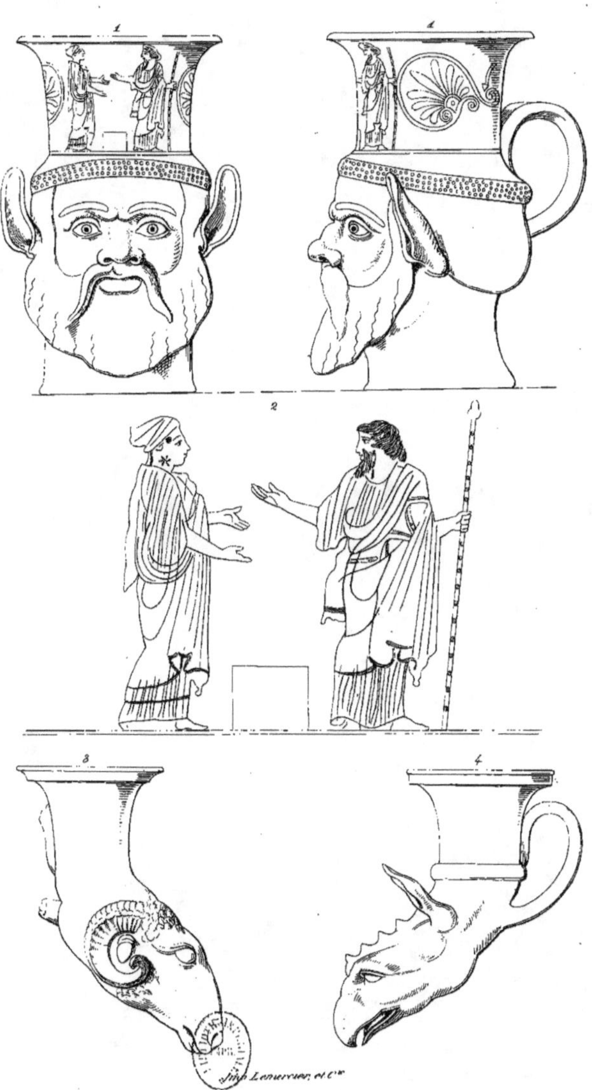

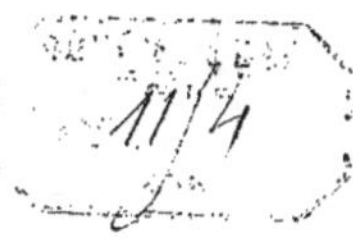

VASE ET CORNES À BOIRE EN TERRE CUITE.

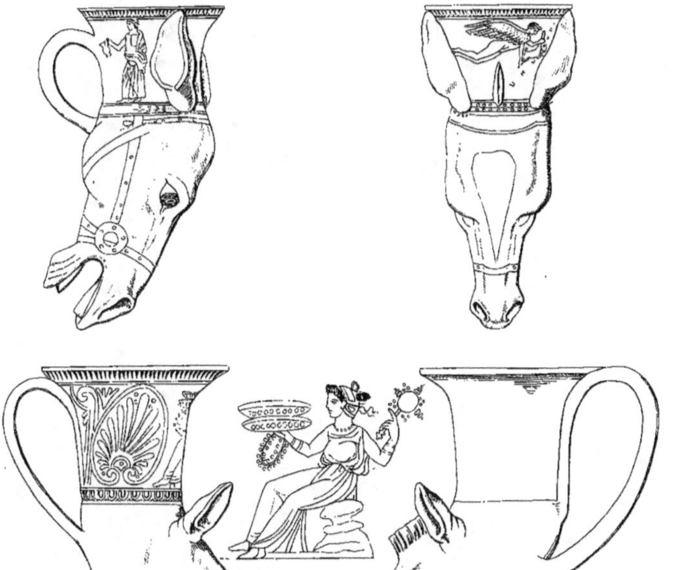

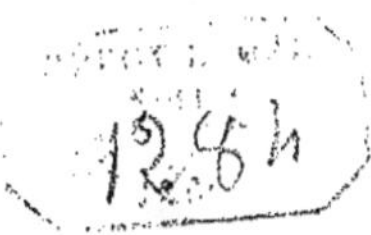

CORNES À BOIRE EN TERRE CUITE.

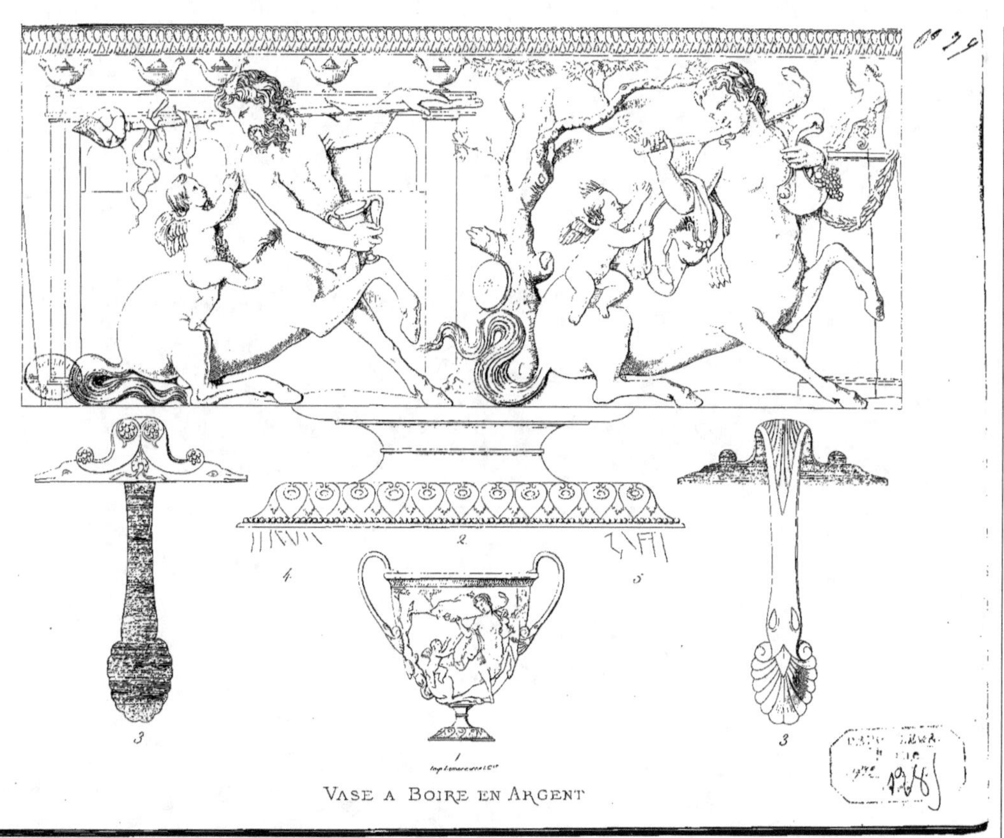

VASE A BOIRE EN ARGENT

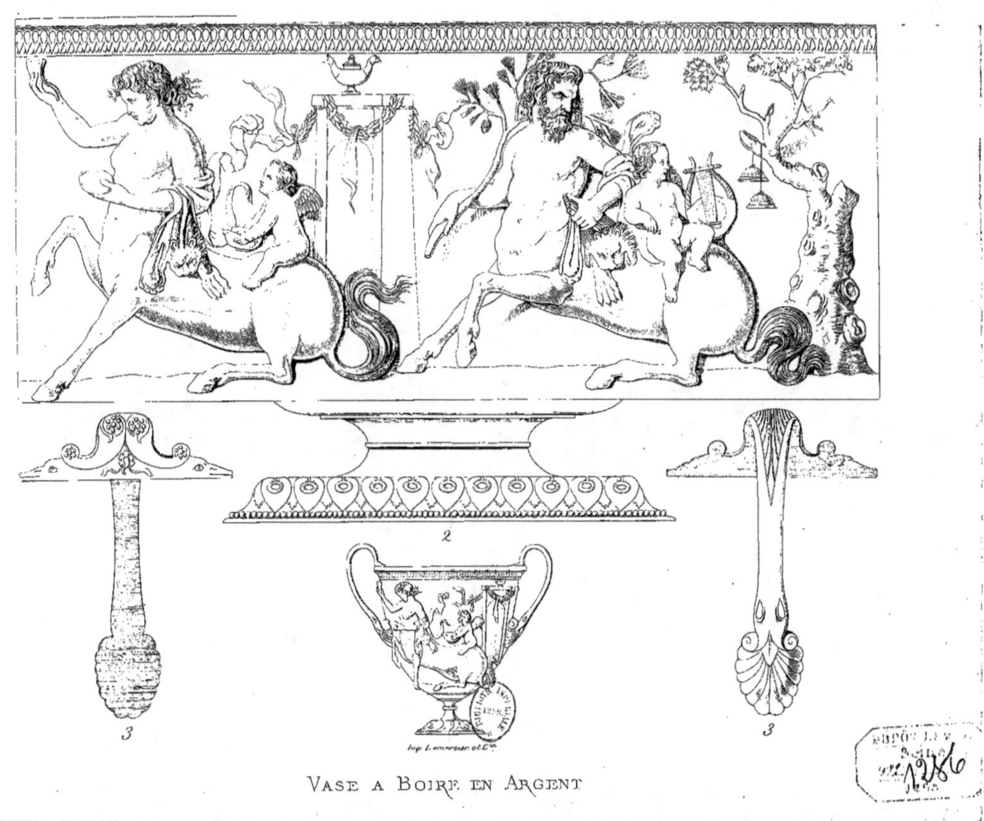

VASE A BOIRE EN ARGENT

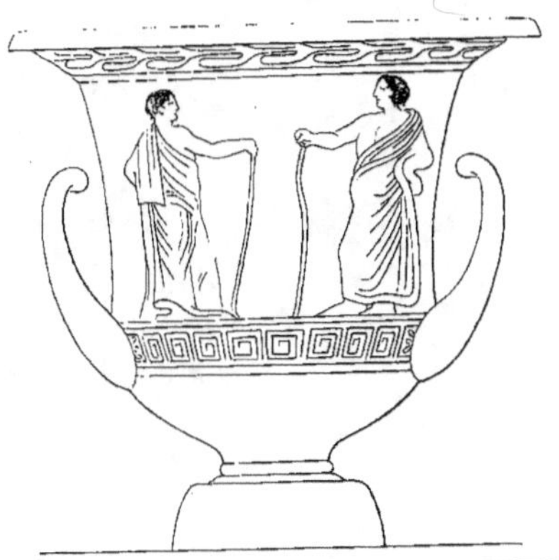

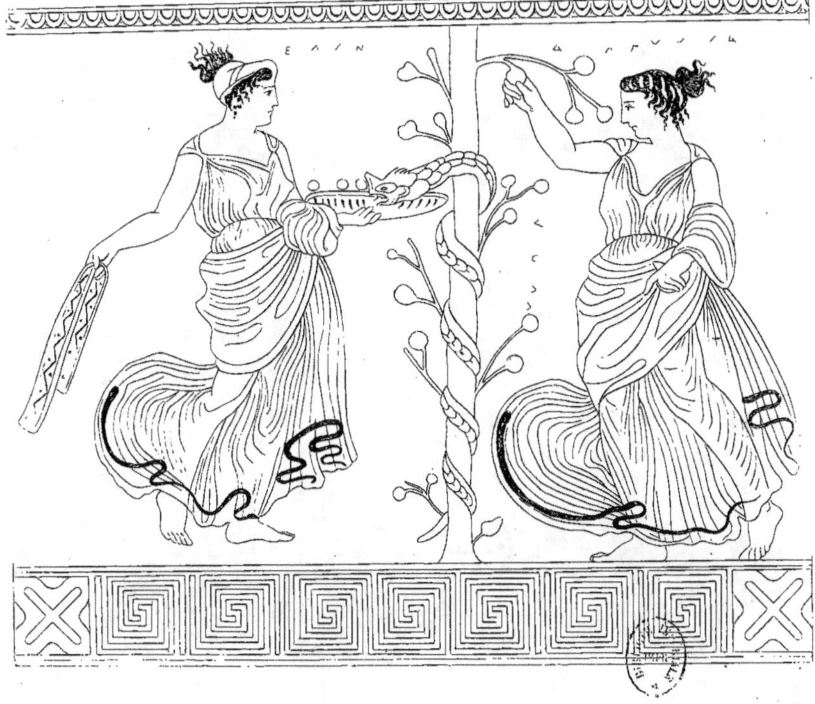

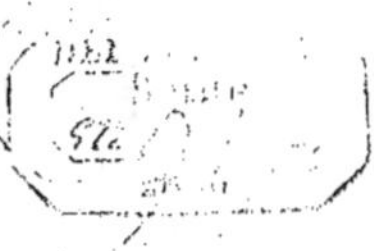

CRATÈRE EN TERRE CUITE (HOLCÉON)

Imp. Lemercier, Paris

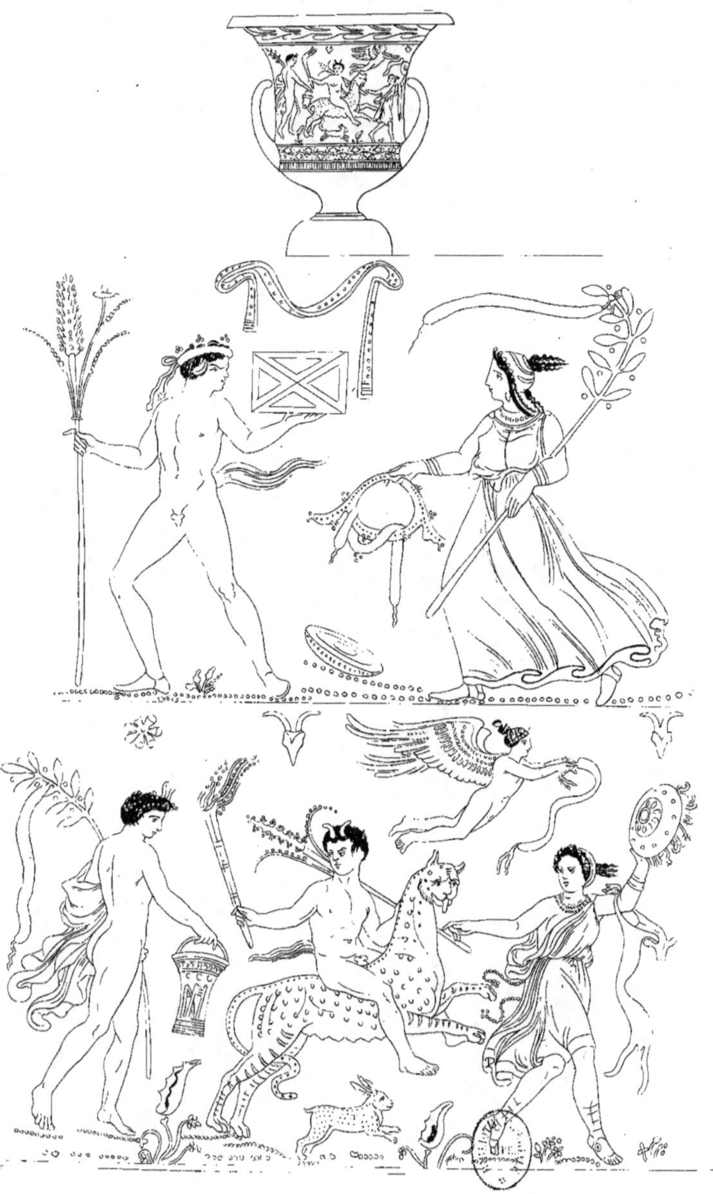

CRATÈRE EN TERRE CUITE (HOLCÉON)

Imp. Lemercier, Paris.

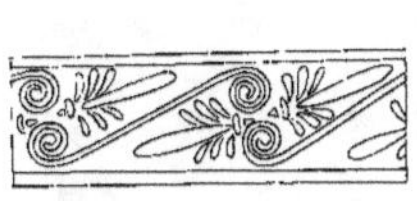
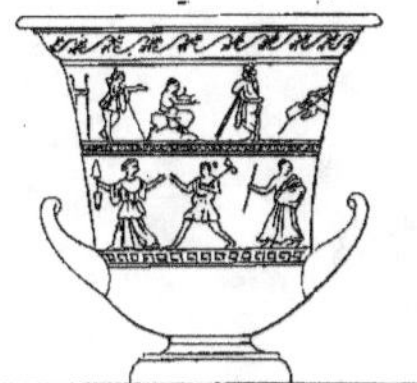
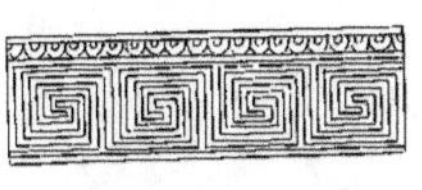
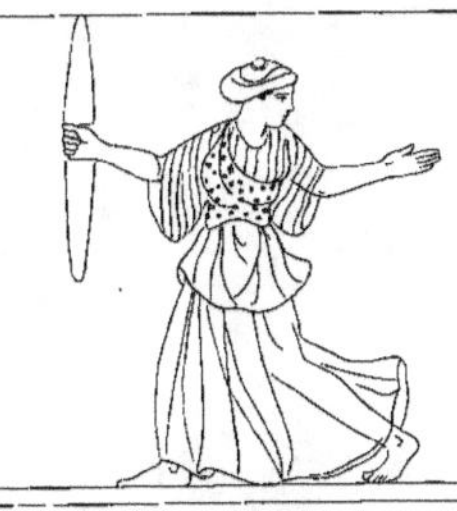
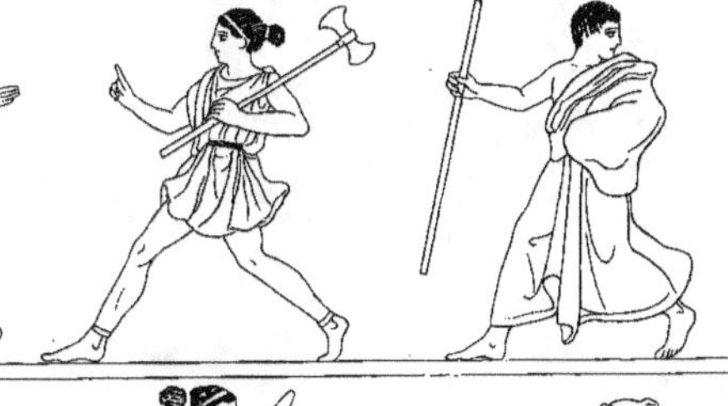
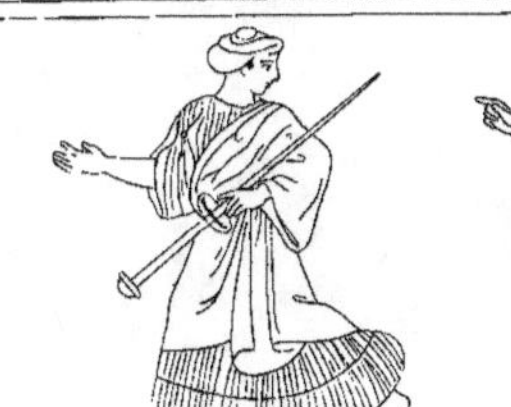
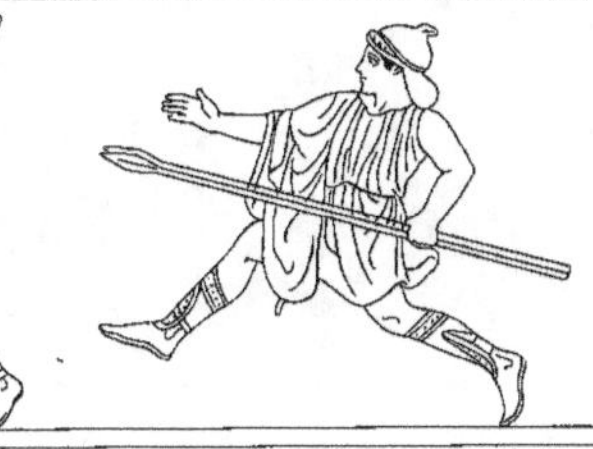
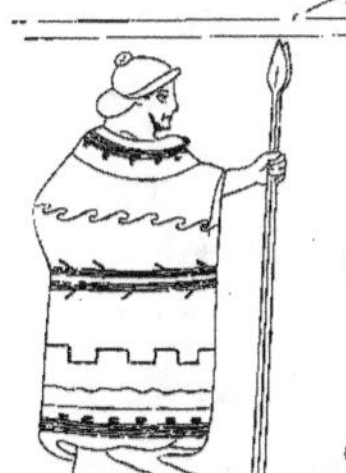
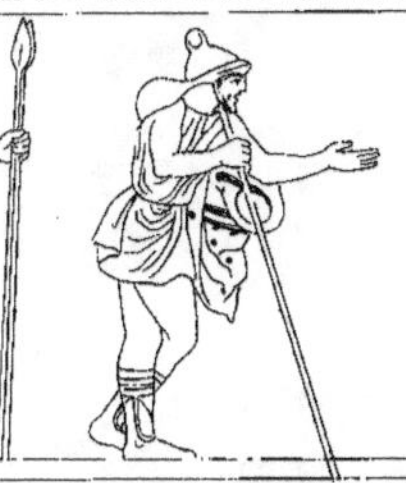
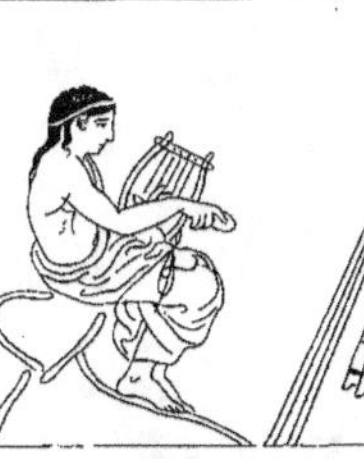
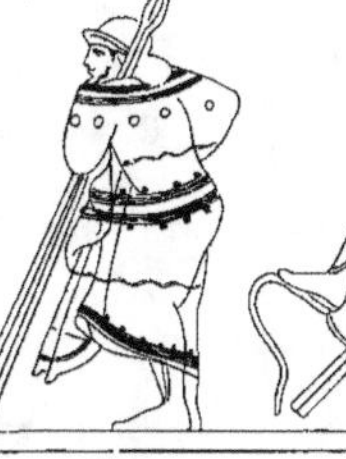
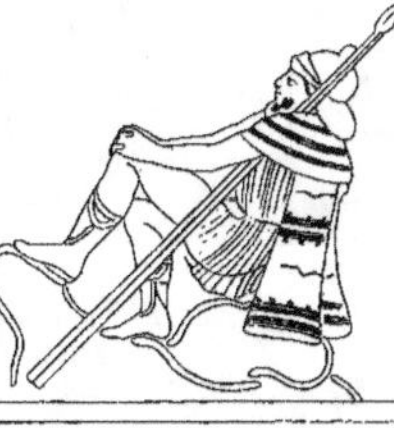
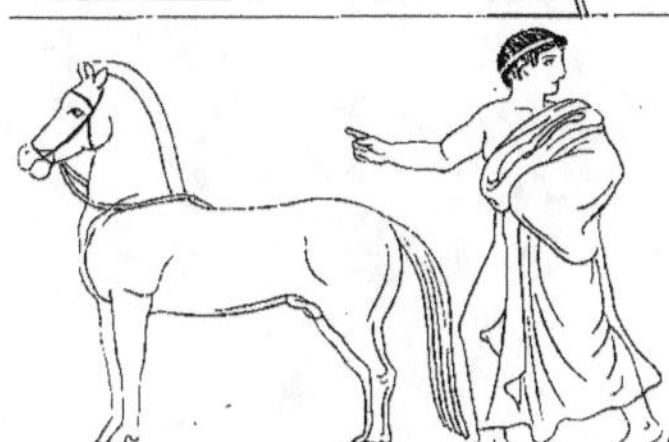
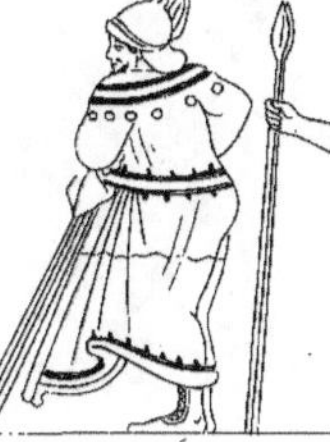
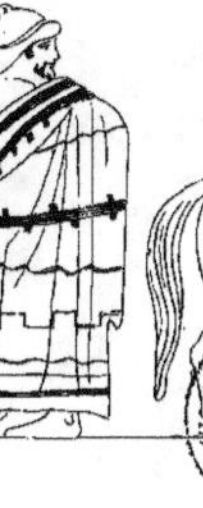
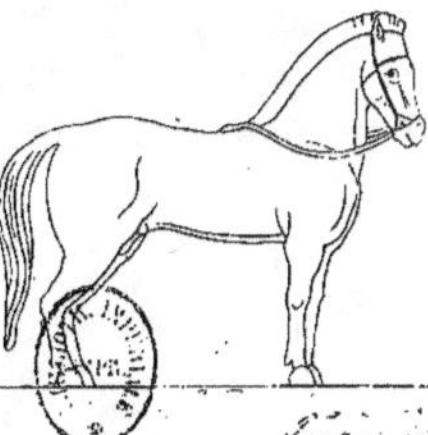
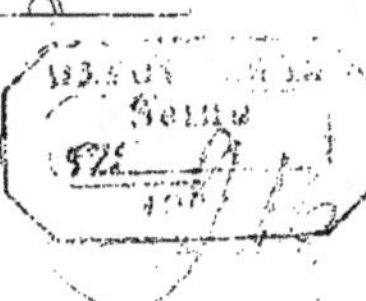

CRATÈRE EN TERRE CUITE — (HOLCÉON)

Imp. Lemercier — Paris

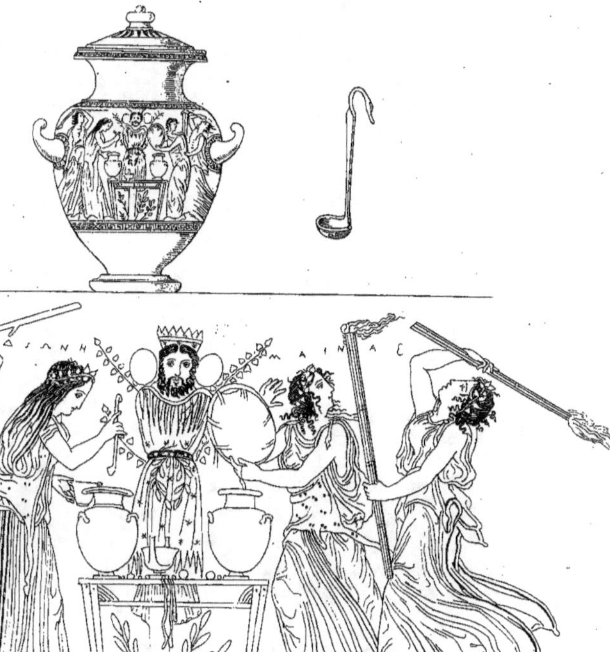

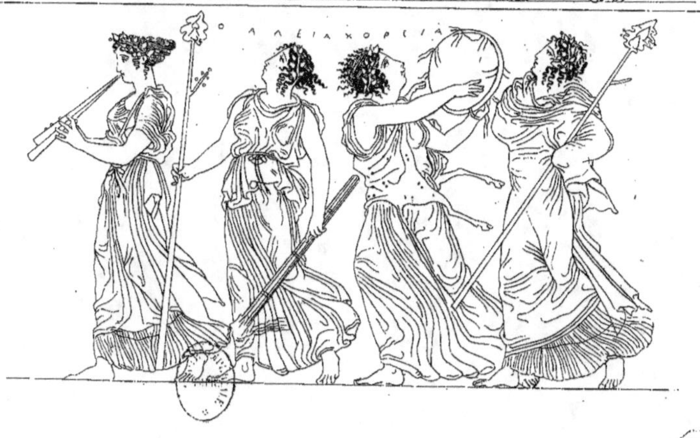

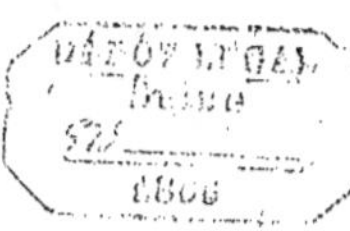

VASE EN TERRE CUITE — (STAMNOS)

Imp. Lemercier — Paris

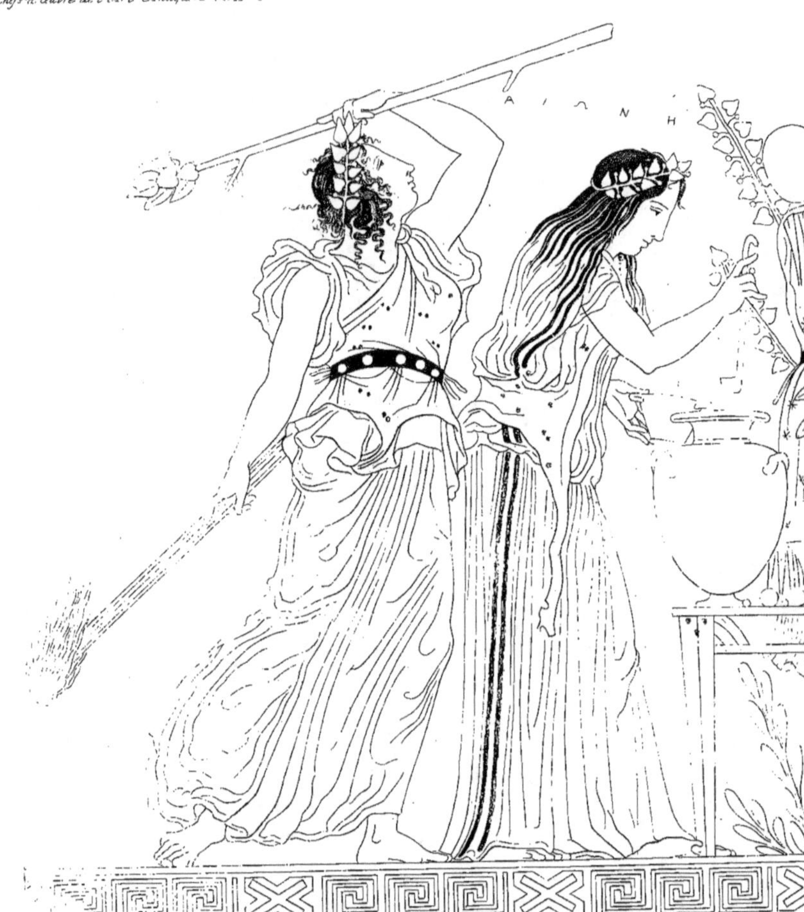

PEINTVRE DV

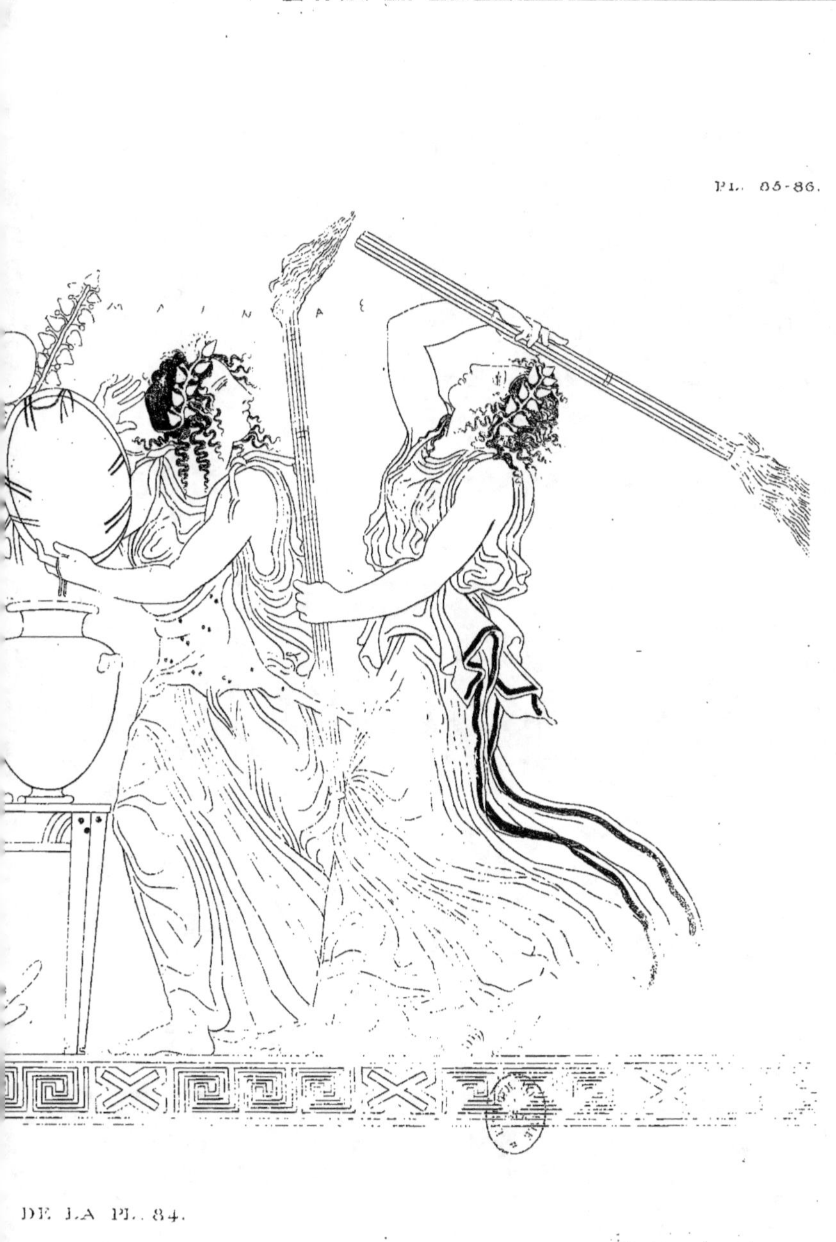

DE LA PL. 84.

Chefs d'Œuvre de l'Art Antique _ VOl . I.

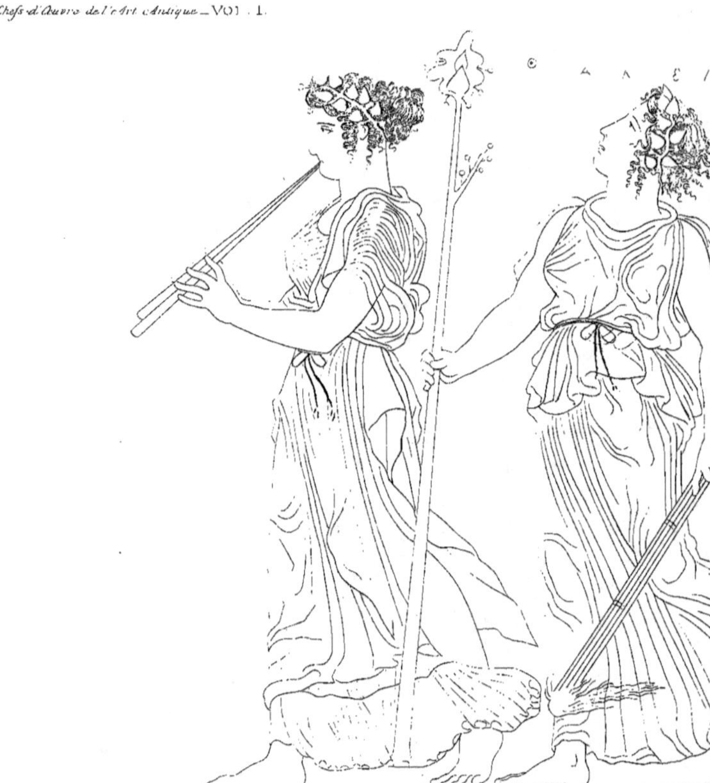

PEINTVRE DV S

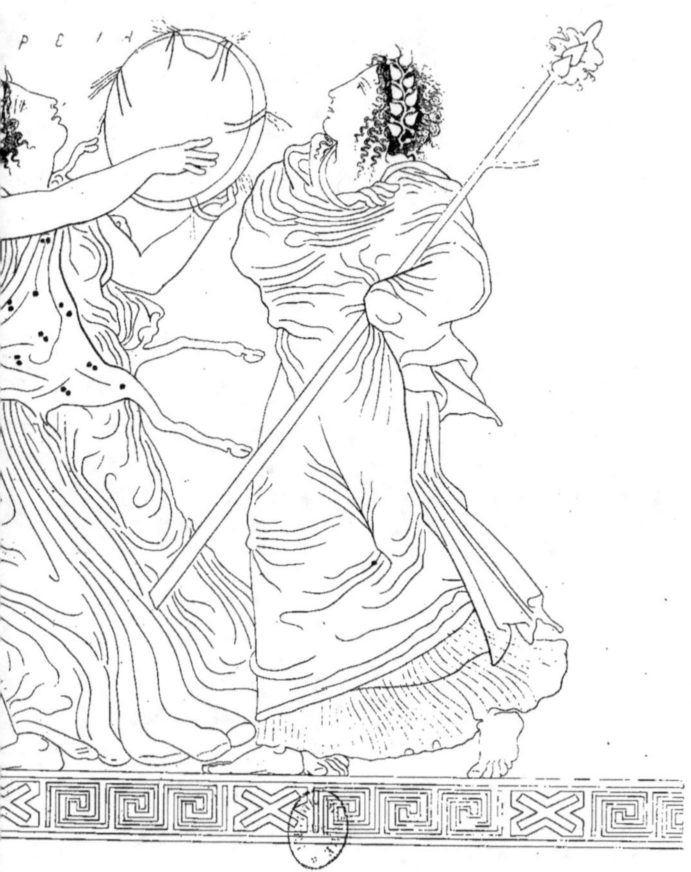

E LA PL. 84.

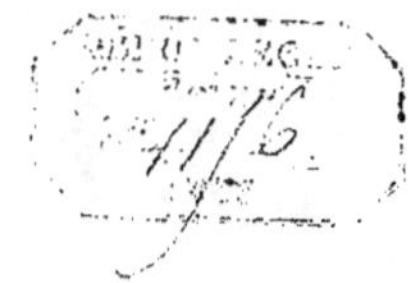

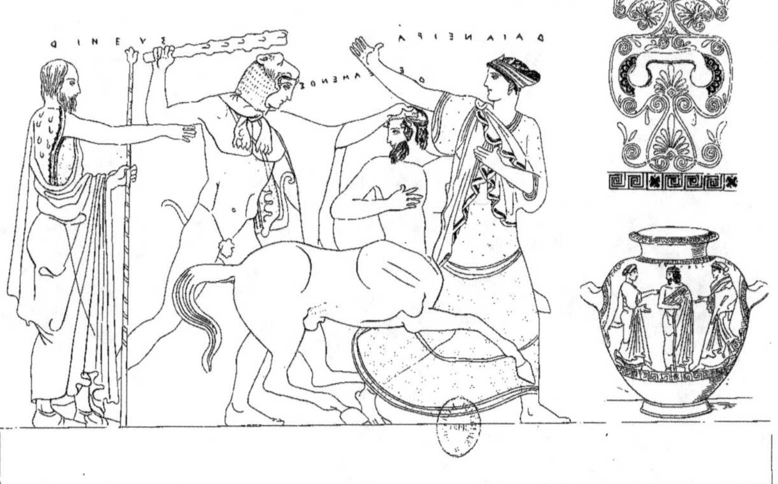

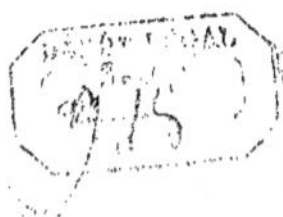

VASE EN TERRE CUITE (STAMNOS)

Imp. Lemercier Paris

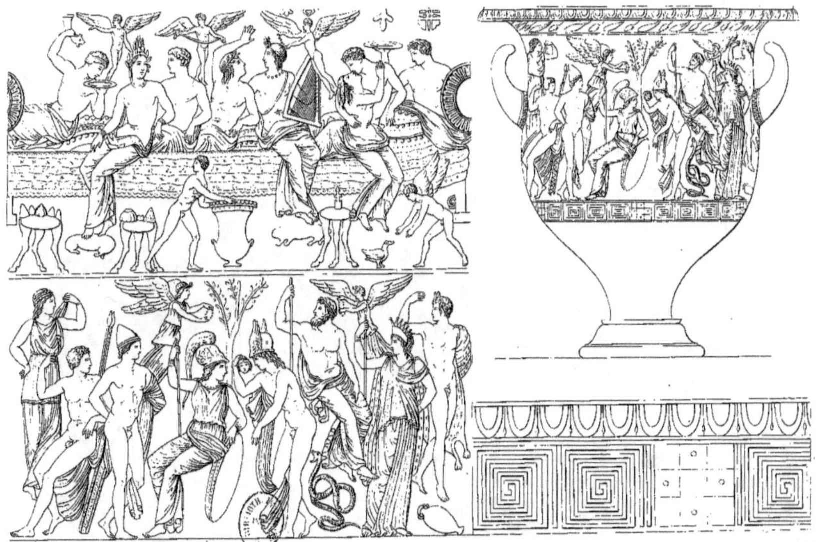

VASE EN TERRE CUITE (CAMPANA)

Imp Lemercier. Paris

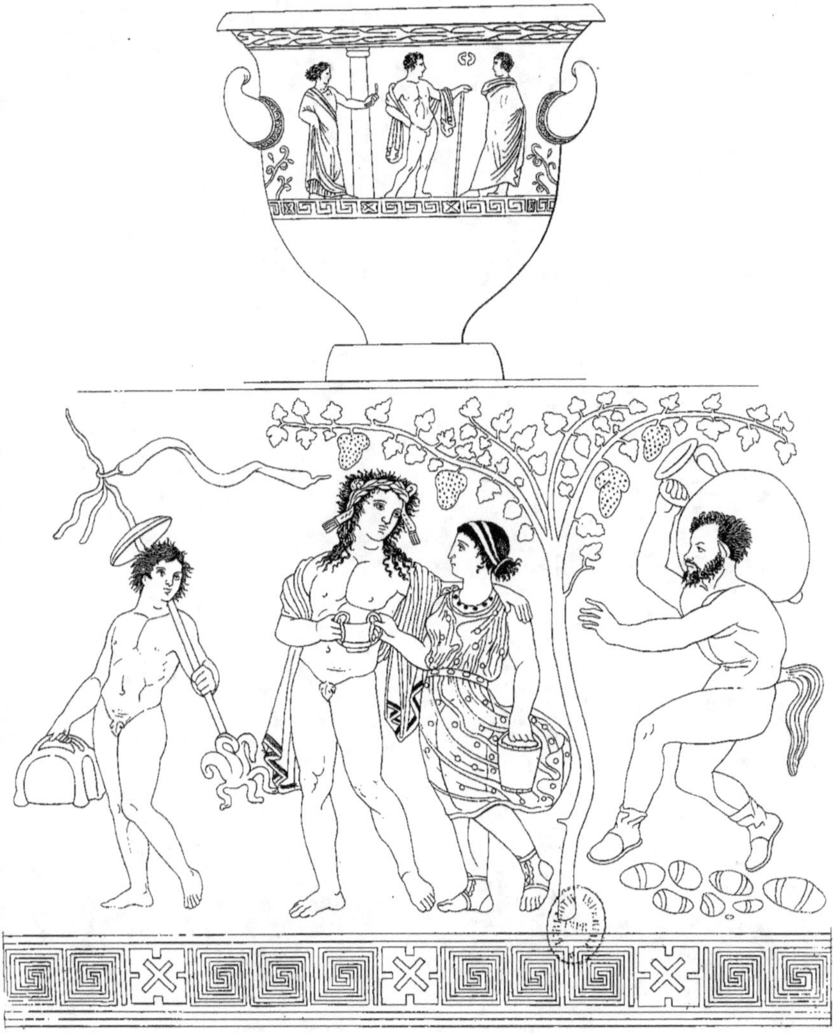

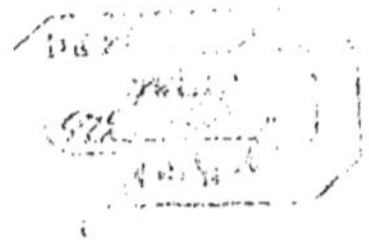

VASE EN TERRE CUITE — (CAMPANA)

Imp. Lemercier Paris.

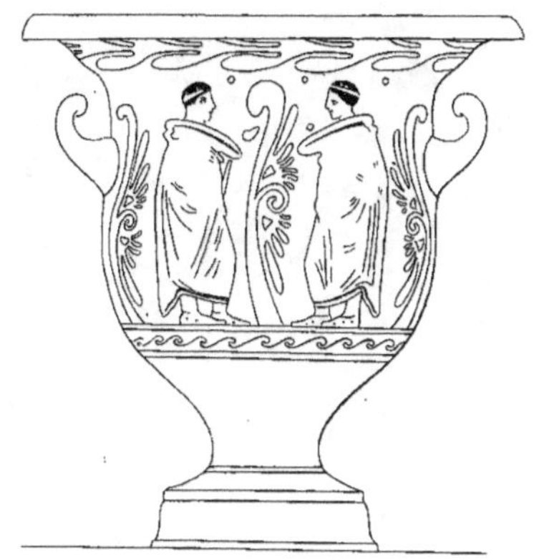

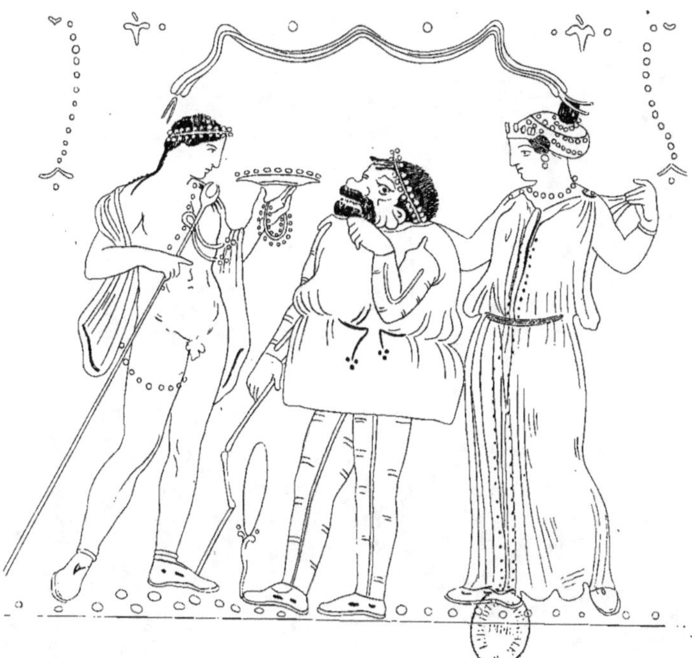

VASE EN TERRE CUITE. (CAMPANA)

Imp. Lemercier, Paris.

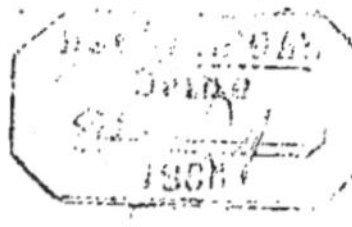

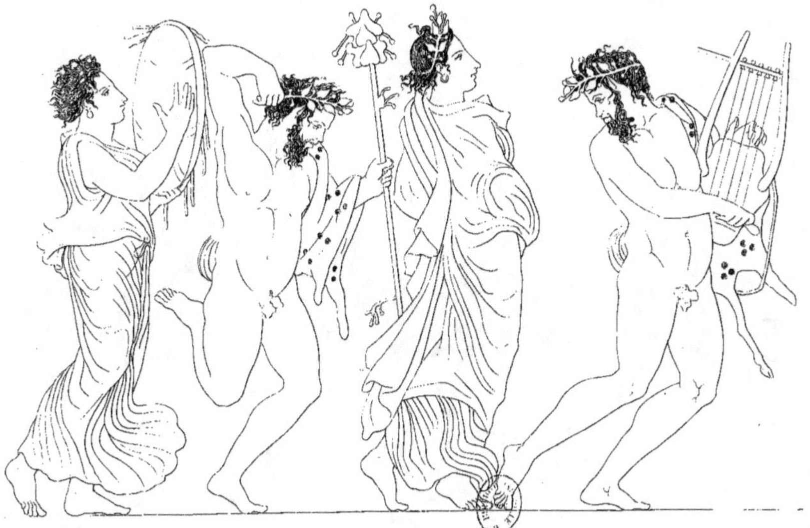

DANSE DE BACCHANTES

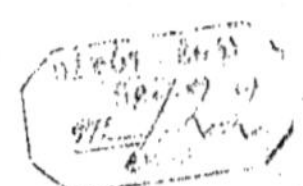

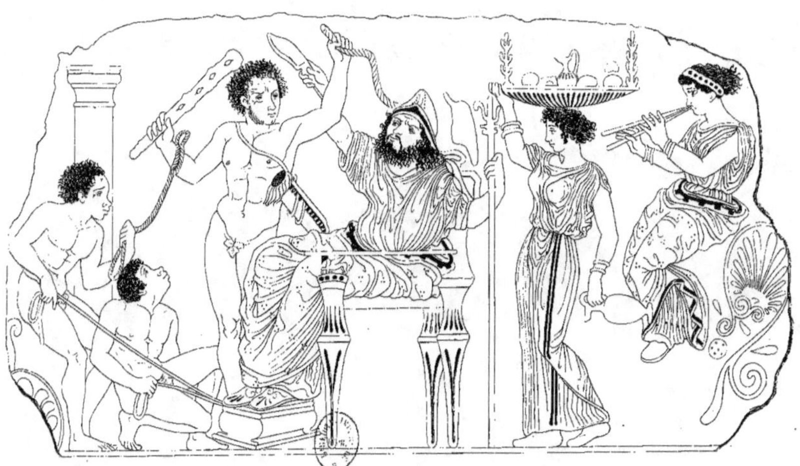

HERCVLE ET BVSIRIS

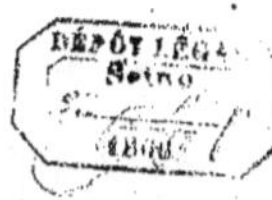

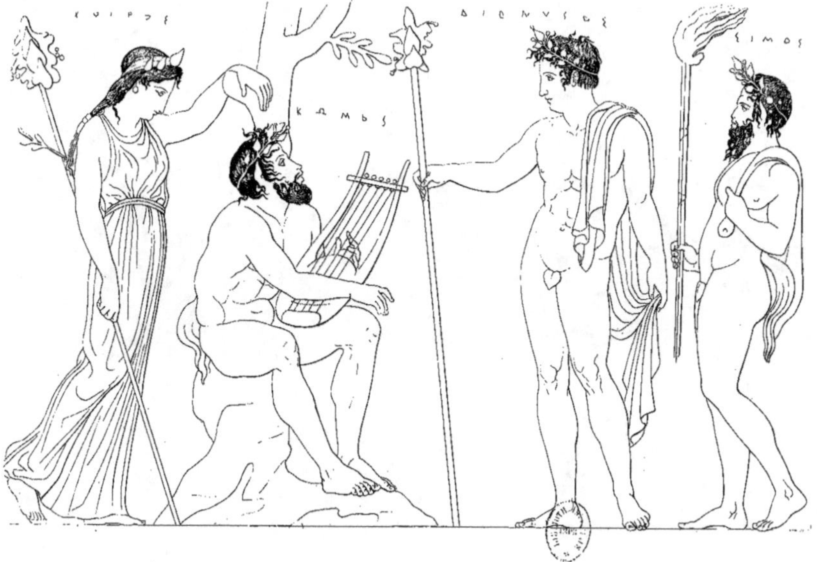

COMVS

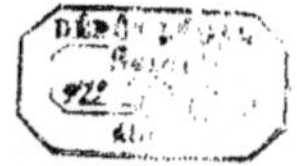

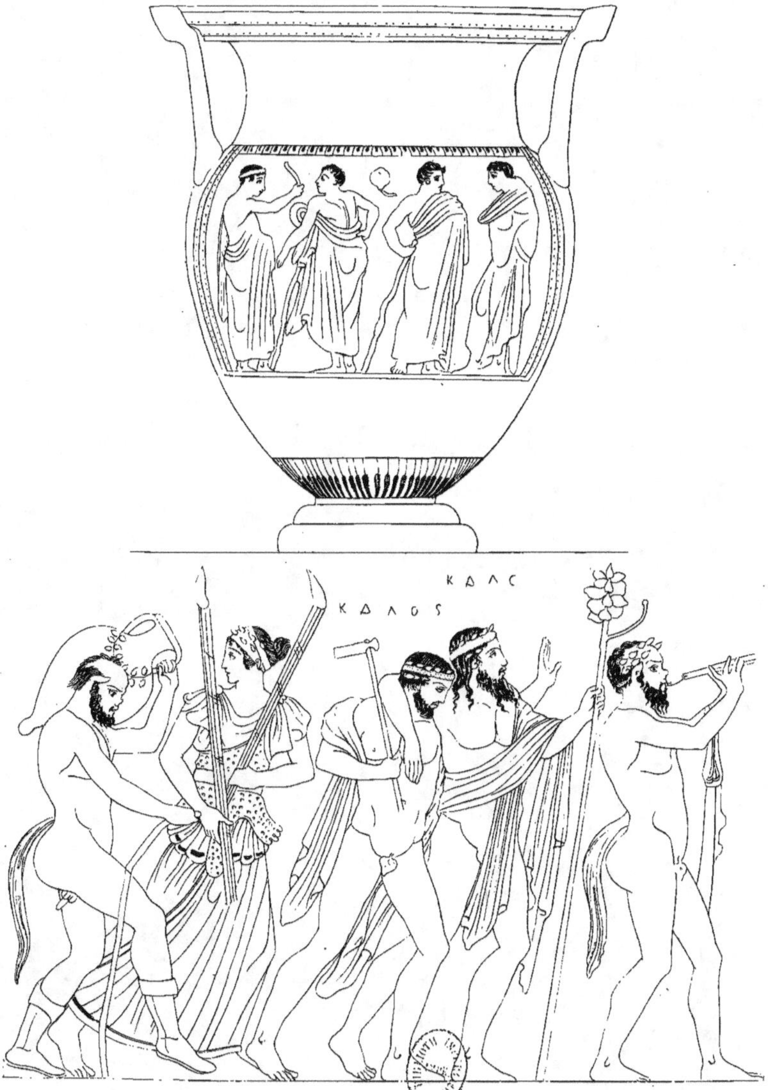

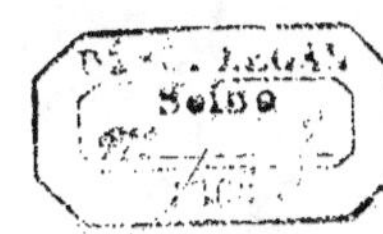

VASE EN TERRE CUITE — (CÉLÉBÉ)

Imp. Lemercier Paris

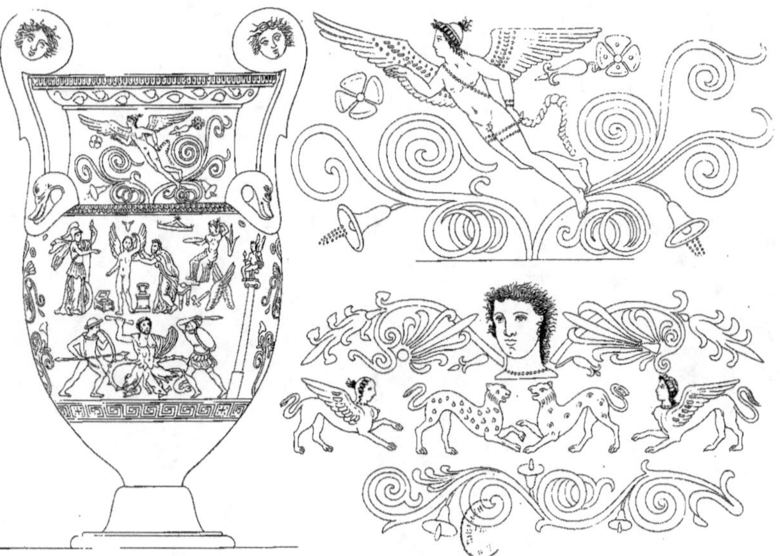

VASE EN TERRE CUITE (CÉLÉBÉ)

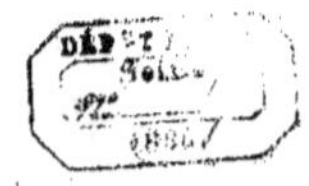

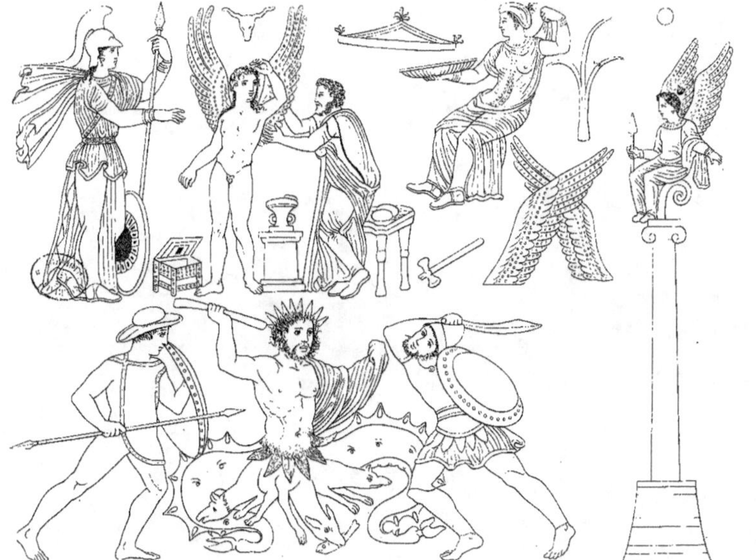

PEINTVRE DV CÉLÉBÉ DE LA PL. 97

Imp. Lemercier, Paris

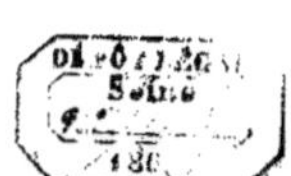

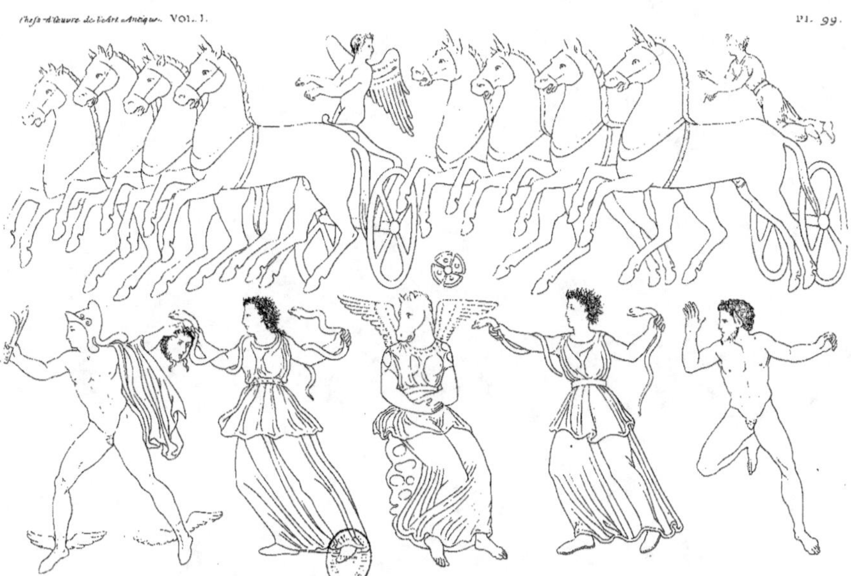

PEINTVRE DV CÉLÉBÉ DE LA PL. 97.

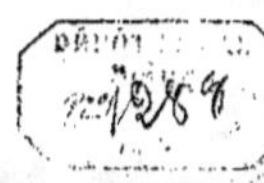

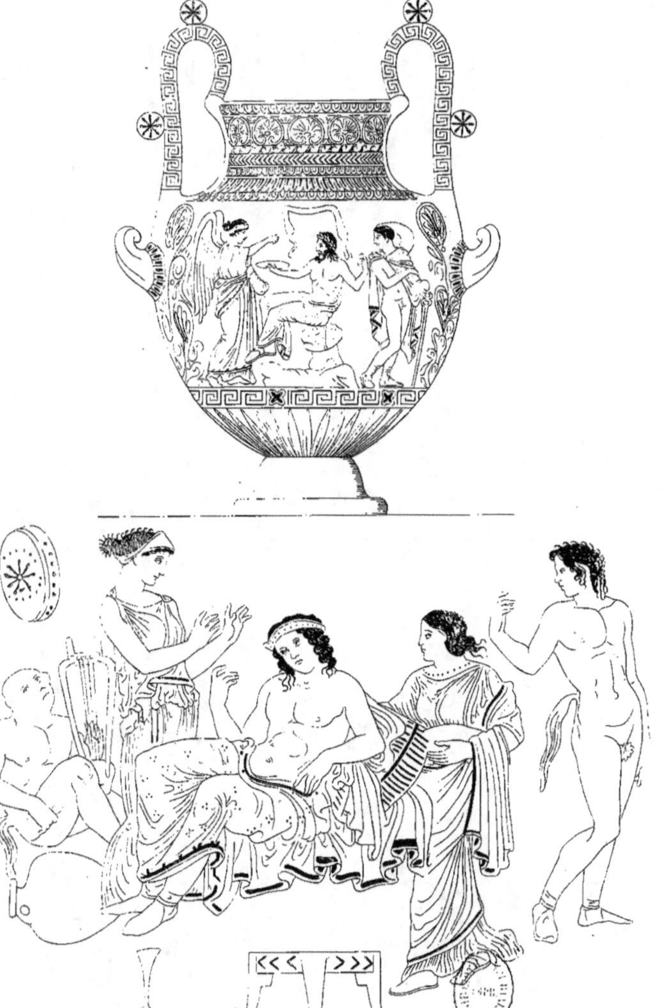

VASE EN TERRE CUITE (CÉLÉBÉ)

Imp. .... Paris

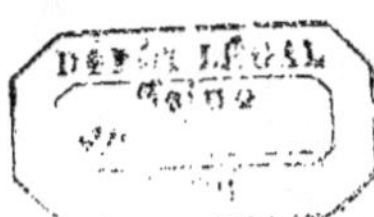

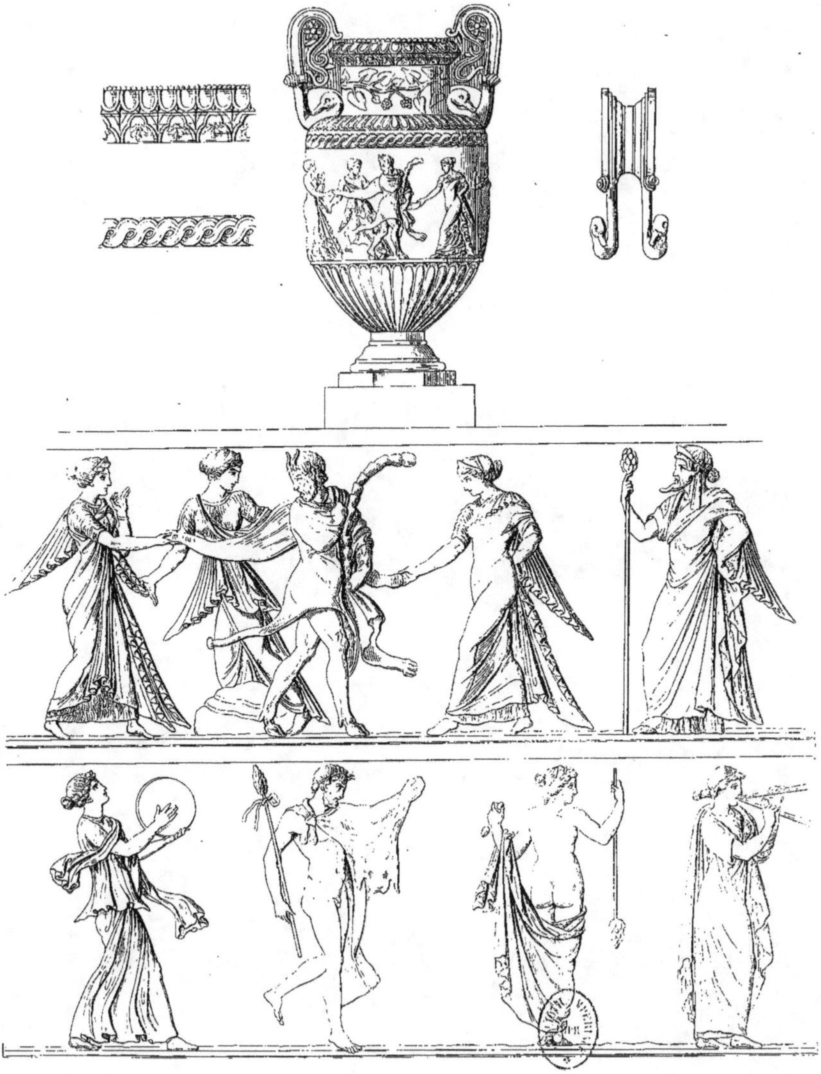

VASE EN MARBRE

imp. Lemercier Paris

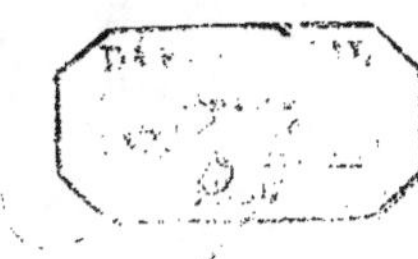

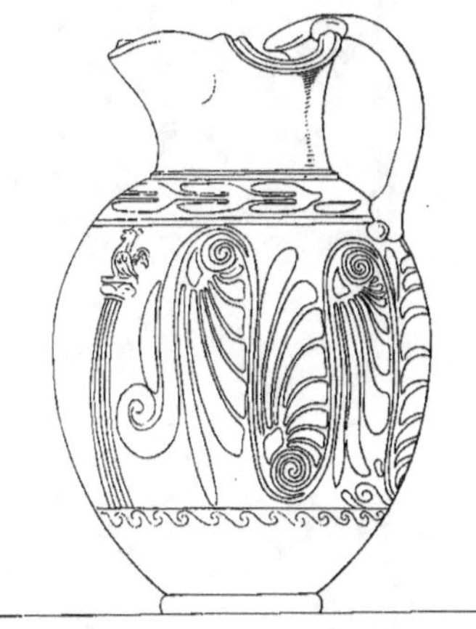

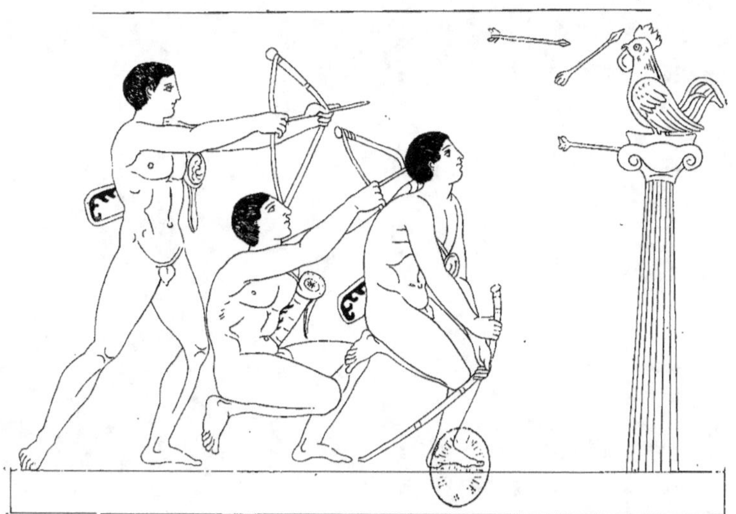

VASE EN TERRE CUITE (PROCHOVS)

Imp. Lemercier — Paris

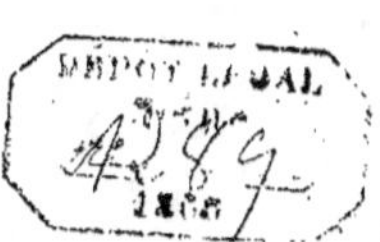

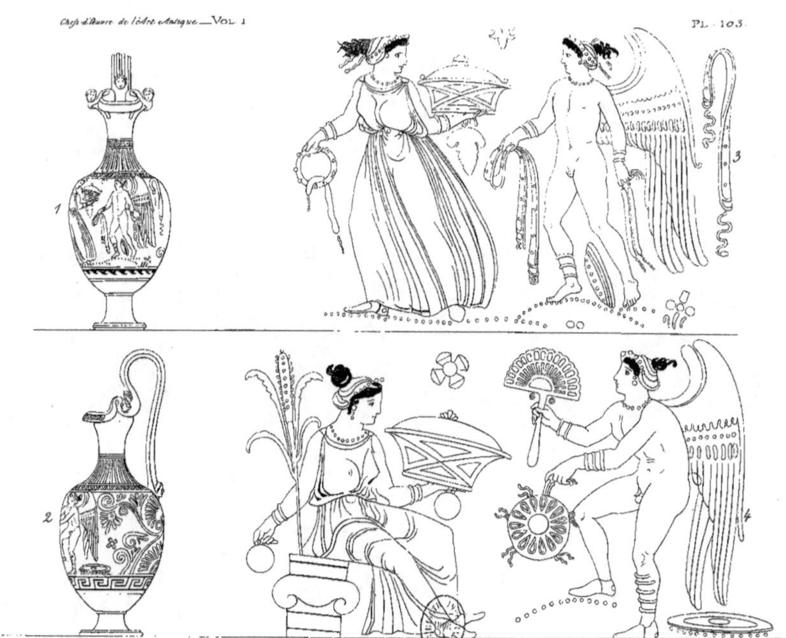

1.2. VASE EN TERRE CVITE (PROCHOVS DE LA FAMILLE DES PROSOPVTTI) — 3.4. PEINTVRES.

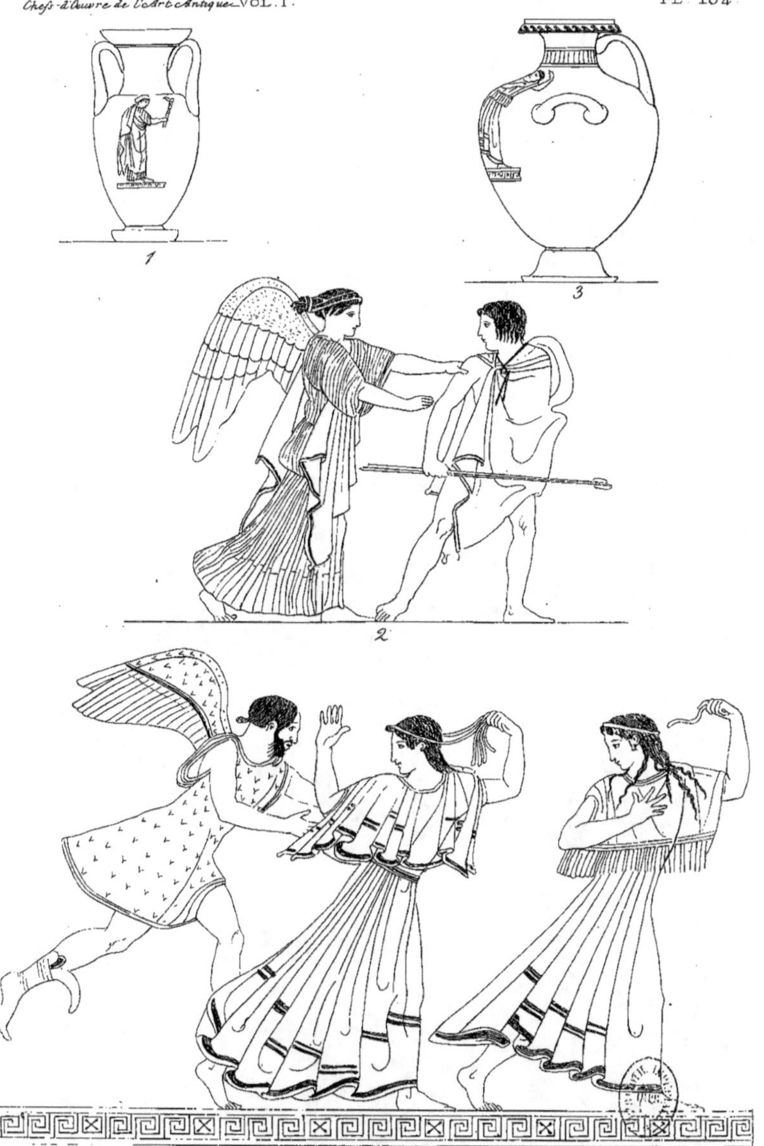

1, HYDRIE PANATHÉNAIQUE EN TERRE CVITE _ 2, PEINTVRE

3 HYDRIE A TROIS ANSES EN TERRE CVITE _ 4, PEINTVRE

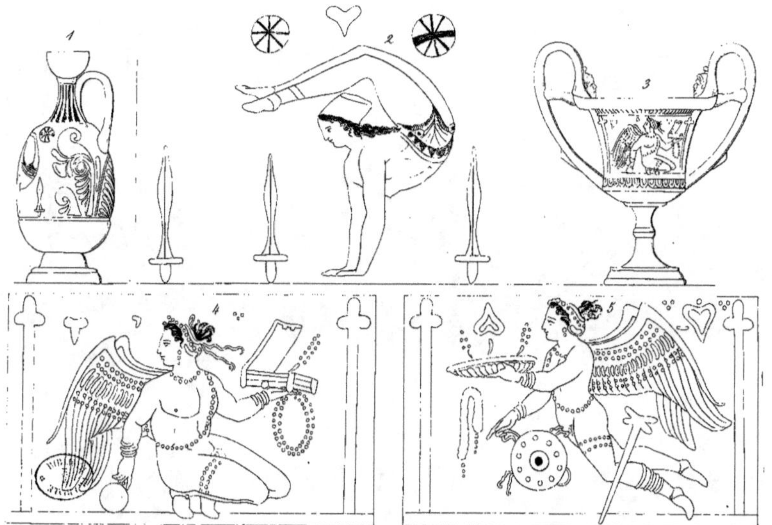

1, VASE EN TERRE CVITE (LECYTHOS) — 2, PEINTVRE.

3, VASE EN TERRECVITE (CAVTHARVS DE LA FAMILLE DES PROSOPVTIS) 4, 5, PEINTVRES.

Imp. Lemercier — Paris

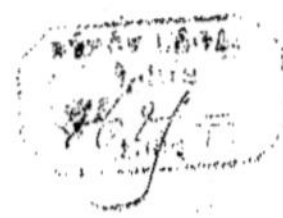

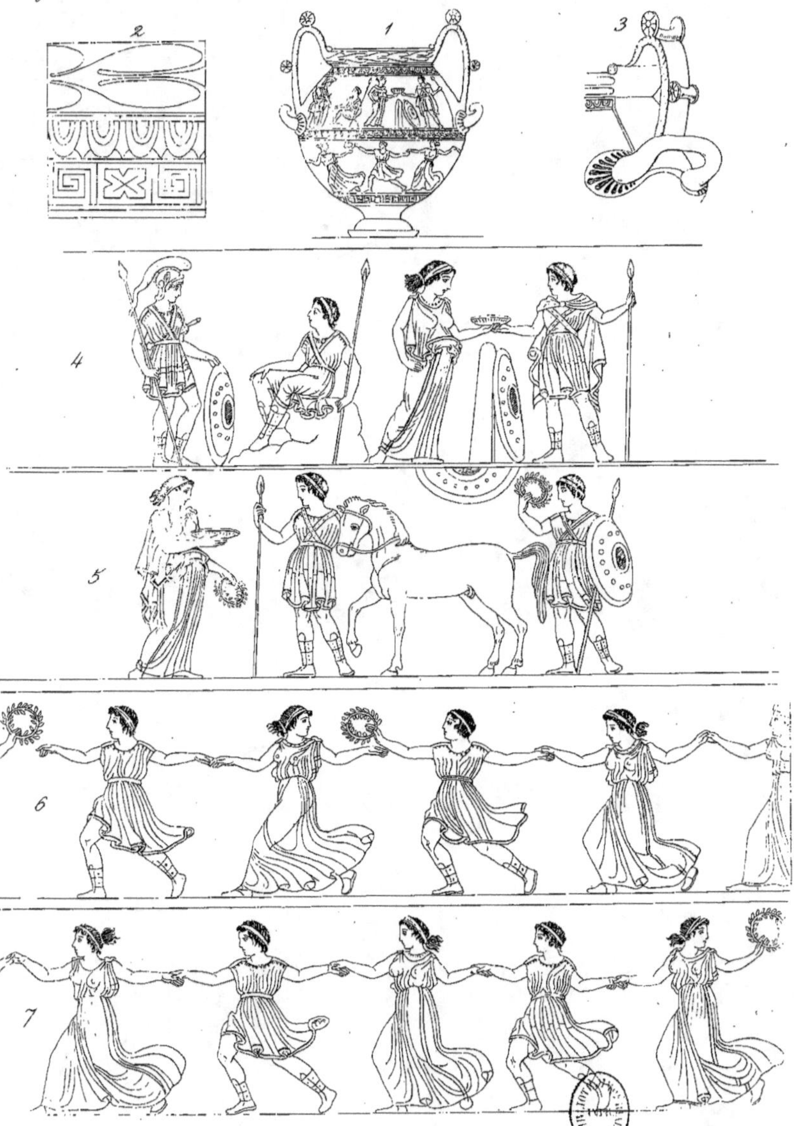

1. VASE EN TERRE CVITE DE LA FAMILLE DES NESTORIS — 2,3, DÉTAILS — 4,5,6,7, PEINTVRES —

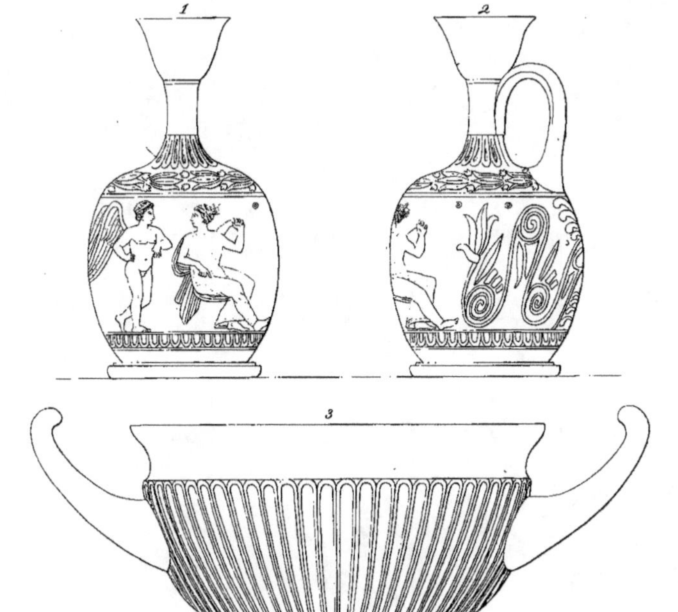

1.2.VASE EN TERRE CVITE, POVR LES PARFVMS__3.4.VASES EN TERRE CVITE (COTYLOS)

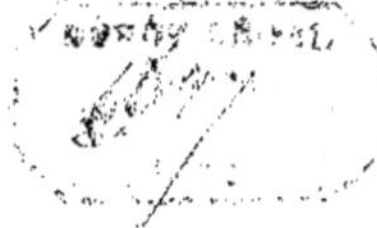

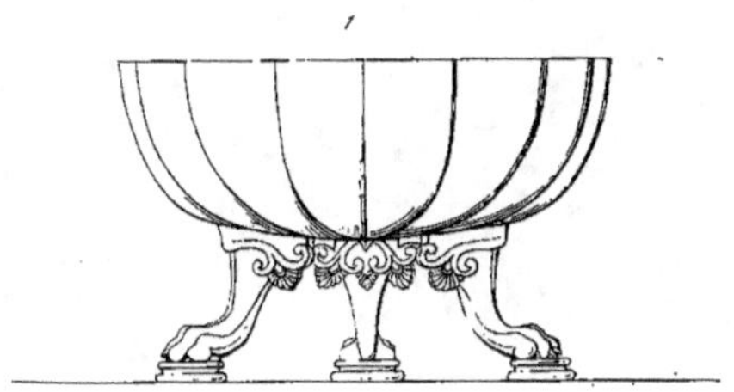

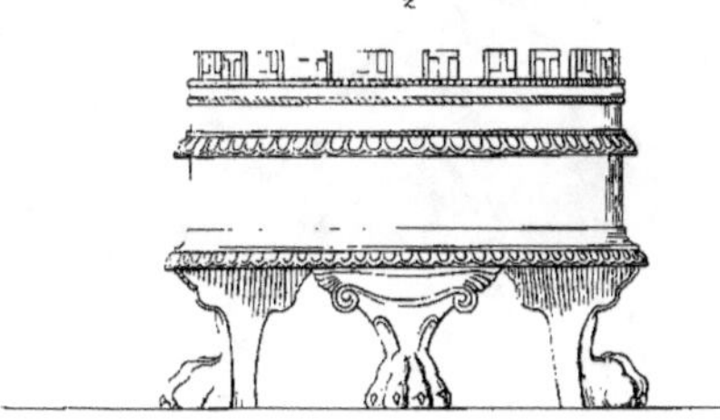

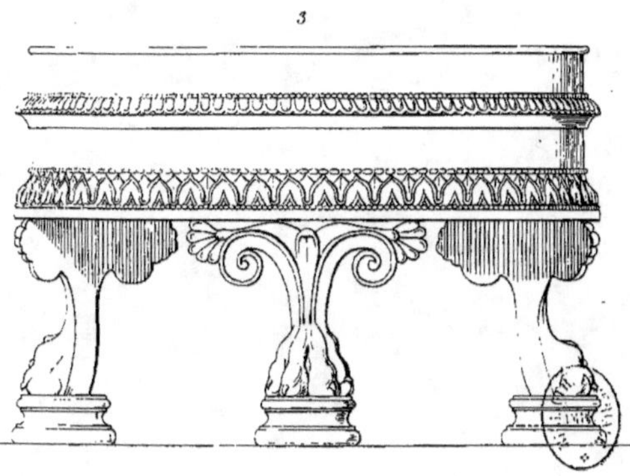

1. VASE ... 2. 3. BRASIERS